茅山道教
上清宗

鍾國發 著

東大圖書公司

自　序

　　道教和儒教，都是中國土生土長的宗教。但是儒教與中華帝國的政治秩序結合得過於緊密，這個帝國政治秩序在西元二十世紀初徹底崩潰以後，儒教也就基本瓦解。此後近一個世紀裡，幾度風雨，幾番浮沉，世俗的儒家文化仍然保持了相當大的影響，但是作為一種信仰與崇拜體制的儒教，已經在它曾經存在過的大部分地區銷聲匿跡，只存餘緒於海外。於是，道教在當代中國幾個具有全國性意義的主要宗教之中，就是唯一土生土長的宗教了。與其他幾個主要宗教相比，道教在中華民族的集體潛意識中積澱最深厚，與民間習俗的關係最密切，所以大文學家兼大思想家魯迅要說：「中國的根底全在道教。」

　　如果說，不了解道教，就不可能真正了解中國文化和中國人，那麼也應該說，不了解茅山道教，就不可能真正了解中國道教。人們常常指責道教落後，迷信和功利的色彩太重，拿不出什麼足以與各大世界宗教相媲美的東西，殊不知我們現在看到的道教已經大大地衰落和俗化了，而唐朝才是道教歷史上的極盛時期，上清經法和重玄哲學為當時道教樹立的高雅風韻，目下的道教人士還遠沒有來得及發揚光大。我們

現在看到的道教早已分立為全真、正一兩大派，茅山宗只是正一旗幟下面的一個不太顯眼的支派。但是在唐朝，道教在教義和制度上是一個統一的整體，以茅山為大本營的上清經法是這個統一體的主導成分，茅山自然成為道教的第一聖地。正一派是對唐代統一的道教體制進行顛覆的結果，全真派的出現則是後來對這次顛覆的再顛覆，它們都漠視上清經法的傳統；只有茅山上清宗是力圖保持唐代道教體制的結果，雖然所結的這個果只是堅守了「上清」的名號，而在實質上已經與它的母本相去甚遠了。

　　無論是在大陸還是在臺灣，無論是普通民眾還是文化人，對道教的了解都異常有限，而且依在下之見，市面上的書籍介紹道教大多免不了支離破碎、以訛傳訛的毛病。本書意在對茅山的道教文化作一次通俗但是力求準確、粗略但是力求系統的介紹。筆下分為八章，並自擬七律一首，取其各句分別作為各章的標題：

　　一為「洞藏天地生仙話」，介紹茅山的自然地理和人文地理環境，以揭示它為何會成為道教重要的洞天福地；

　　二為「意媾神凡播上清」，介紹東晉時期上清經法如何在茅山地區孕育成形，並且簡述它的特點；

　　三為「七部圓成修靜志」，介紹因《上清經》出世而引發的南方新道教運動，包括靈寶派的興起、陸修靜以《上清經》和《靈寶經》為基準組建新道教、南朝新道教對民間各道派的包容；

四為「三朝造就隱居名」，介紹繼承陸修靜事業、將茅山建設成道教中心的陶弘景的傳奇生平；

五為「廣傳經籙九州仰」，介紹茅山在中國道教以茅山上清經法為主導形成統一體制的時期，即南北朝後期至唐朝前期的情況；

六為「獨立宗壇一脈尊」，介紹茅山在唐朝後期至北宋時期的情況，即茅山道團從頑固堅持統一體制到終於接受宗派地位的過程；

七為「歲月風波仙影杳」，介紹北宋以後茅山上清宗的演變和衰落，包括南宋、元、明、清各代；

八為「悠悠勝景正翻新」，介紹近代以來茅山道教的幾度劫難，以及當前重建中的茅山道院的情況。

筆者研究道教有年，形成了自己的一整套見解，在許多問題上與學者們據為常識的流行看法不盡相同，因此如果細心的讀者發現本書中的一些敘事和議論與你們熟悉的教科書產生碰撞及工具書略有不同，敬請不要過於詫異，最好先不要管權威旗號在哪裡飄揚，而是看本書是否也能言之成理、持之有故。若有方家惠予批評指正，則本人榮幸之至。

鍾國發
於上海普陀區楊家橋
2002年7月26日

茅山道教 上清宗

目　次

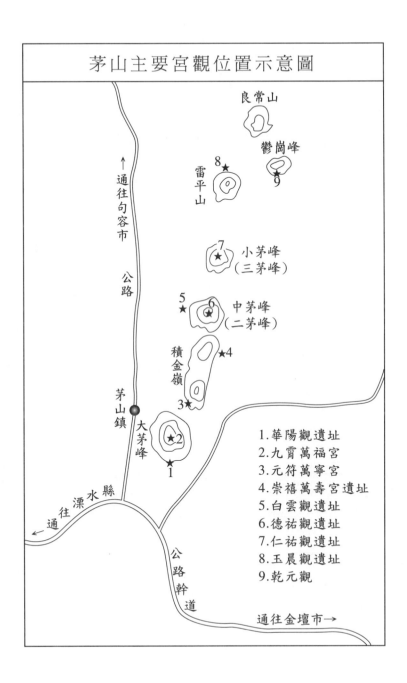

茅山主要宮觀位置示意圖

良常山

鬱崗峰

8 ★
9

雷平山

7 ★ 小茅峰
（三茅峰）

5 6
★ ★ 中茅峰
（二茅峰）

積金嶺
4 ★

3 ★

↑
通往句容市　公路

茅山鎮

大茅峰
★ 2
★
1

往溧水縣
通

公路幹道

1.華陽觀遺址
2.九霄萬福宮
3.元符萬寧宮
4.崇禧萬壽宮遺址
5.白雲觀遺址
6.德祐觀遺址
7.仁祐觀遺址
8.玉晨觀遺址
9.乾元觀

通往金壇市→

第一章
洞藏天地生仙話

所謂「山不在高，有仙則靈」

神仙家普遍認為，求仙者應該遠離人寰，入山修煉

於是，「洞天」或「福地」作為一種神聖空間，

在方士們的心中浮現

而茅山，不僅是仙真的「洞天」，也是人間的「福地」

第一節 神仙崇拜與山嶽崇拜

據說是在漢宣帝（西元前74～前49年在位）時，首都長安附近，當地大族茅家有茅固、茅衷兩兄弟要離家做二千石的大官，鄉里都來送行，幾百人聚會一堂，好不熱鬧。兩兄弟的大哥名叫茅盈，當時也在座，便對眾賓客說：「我雖然沒有做二千石，卻也有一個仙靈的職位要做，明年四月三日動身赴任。到時候諸位還能像今天這樣聚會一次嗎？」大家都答應了，也許大家並沒有拿他這番話當真，還當他是因為年紀老了還沒有出仕，講個笑話給自己解嘲呢。不料到了約定的那一天，茅盈門前的幾百畝地面忽然自動平整了，一寸雜草也沒有，搭起了許多青色細絹的帳幕，下面鋪上了好幾層白氈，可以坐好幾百人。鄉里們互相傳告，來的人絡繹不絕，比去年給他弟弟們送行時多了幾倍。茅盈出來招待客人，大家沒有看見僕人出來服務，面前就自動擺滿了各種華貴的杯盤和各種叫不出名字的奇饌異果及美酒，還有妓樂表演，伴隨著絲竹金石的轟鳴，芳香的氣味飄出好幾里地。飲食不斷增添，客人們沒有一個不醉飽。第二天，迎接的差官到了，佇列旌旗耀眼，茅盈便向家人和親族告辭，對宗室子弟們說：「真仙之道，貴在隱晦，不應該講究形式排場，引人注目。

而我之所以不悄悄地離開，是因為我想用這種排場來引起兩位弟弟的注意和嚮往。而且豈止是讓茅固、茅衷迷途知返，天下的有心人都應該樹立求仙的志向。」說罷就昇空而去。

　　上面的一段情節，見於北宋道士張君房編撰的《雲笈七籤》卷一〇四所載〈太元真人東嶽上卿司命真君傳〉，後來元代《茅山志》卷五〈三神紀〉的內容大體相同而更加增飾。據這兩篇記載，茅盈的高祖茅蒙字初成，是神奇隱士鬼谷子的徒弟（論起來應該是戰國著名兵法家孫臏、龐涓和著名說客蘇秦、張儀的同門小師弟），在華山修道，於秦始皇三十年（西元前217年）乘龍白日升天。這事引起了相當大的轟動，民間傳出童謠說：「神仙得者茅初成，駕龍上升入太清，時下玄洲戲赤城，繼世而往在我盈，帝欲學之臘嘉平。」秦始皇三十年把年終祭祖的大禮「臘」改名「嘉平」，就是聽了這首童謠的結果，秦始皇入迷地求神仙，與這事也大有關係。茅盈十八歲離家修道，相繼隱居恆山、西城山，得道成仙以後，回家等候仙職。為了感化兩個迷戀仕途的弟弟，他在漢元帝初元五年（西元前44年）當眾表演白日昇天，然後來到江南的句曲山繼續候補仙職。茅固、茅衷果然感動，隨即辭去高官厚祿，開始修煉神仙之道，五年後也尋兄來到句曲山，然後在茅盈的幫助下快速得道，也取得了高級仙職。茅盈任「司命真君」，以赤城山（天台山的一部分，位於今浙江天台）為治所，茅固任「定籙真君」，以句曲山為治所，茅衷為「保生真君」，以句曲山旁的良常山為治所；每年三月十八日和十二

月二日兩天，已調往赤城山的茅盈都要回到句曲山與弟弟們團聚。

上述故事多半出於後人附會，特別是上清派道士的加油加醋。但是茅氏三兄弟在句曲山修煉大概實有其事，民間因此將這群山巒中的三峰分別稱為大茅、中茅、小茅，合稱三茅山，簡稱茅山。

這群山巒中，中央有三峰連綴鼎立，南部最高一座稱為大茅山，中間一峰稱為中茅山，北部一座孤峰稱為小茅山；大茅、中茅之間稱為長阿，長阿中有一道石嶺，名叫積金嶺；中茅、小茅之間稱為小阿。此山原名句曲山，據說是因為這一群山巒形成曲折走勢的緣故。小茅之北，還有雷平、蕪口、方嵎、大橫、良常等山，一般所說的茅山往往包括這些山峰在內，這是比較廣義的茅山；大茅山以南直到溧陽水系以北還有一系列山峰，與三茅、良常等山峰構成同一條山脈，現代地理學家稱之為茅山山脈，這是最廣義的茅山。

茅山位於長江三角洲的頂端，東臨長江三角洲的太湖水網平原，西通長江支流秦淮河的河谷平原，北連長江南岸的寧鎮山脈（地理學家也將茅山山脈與北面的寧鎮山脈統稱「寧鎮丘陵」），南接江南丘陵；距西北面的南京、北面的鎮江、東面的常州、東南面的宜興，都不過幾十公里；經過常州、無錫、蘇州到更東面的上海，經過宜興到更東南的杭州，經過南京到更西面的合肥，也都不過二百多公里。從山嶺分界，西北屬句容市，東南屬金壇市。山峰海拔高度雖然有限，但

是夾在兩塊低矮的平原之間，倒也引人注目。

　　早在道教正式誕生以前，茅山就已成為神仙方士心目中的聖地，三茅君的傳說就是一例。東晉神仙家在茅山創造的上清經法，成為南朝新道教締造統一的道教教義和組織模式的基礎。南北朝隋唐時期，茅山作為上清經法的大本營，也就成為道教的象徵。道教以上清經法為核心的教義和組織模式的統一局面，在唐末五代時期逐漸瓦解，天師道等一些各行其是的宗派陸續興起，但茅山上清宗在北宋仍然享有極高的威望，直到南宋時期，其地位才逐漸被天師道超過。

　　從元代開始，中國道教形成正一道和全真道兩大派並立的新局面，茅山上清宗附於正一道名下，但仍然長期獨樹一幟。明清時期，道教日益衰落，茅山上清宗雖然還勉強維持著傳法統系，但除了出家的傳統與一般正一道有區別之外，已逐漸失去了特色。從明朝後期開始，全真道已經傳入茅山，逐漸與上清宗平分秋色。時至今日，上清宗的宗門特色已經漠然難辨，但是茅山道教在全國道教組織中，在道教信仰者的心目中，仍然有相當重的分量。

　　三茅山不算高，據現代測量，最高的大茅山只有海拔330米，附近不遠就有不少山峰海拔比它高，例如茅山山脈南段的丫髻山411米，鎮江附近的十里長山349米，句容北部的九華山433米，寶華山434米，南京附近的鍾山448米，但是它們都不如茅山名氣大。稍遠一點，江南丘陵東北段有不少山峰高達一千多米，例如九華山1332米，西天目山1507米，黃山

1841米，它們距茅山都不過一百多公里。在這些龐然大物面前，茅山為什麼還能夠逐漸嶄露頭角呢？

因為神仙。神仙就是一種充分體現了中國特色的神性人格，與山嶽相聯繫，寄託著古代中國人的人生理想，後來又被道教作為道士修煉的最高目標的，被廣大民眾懷著深厚的宗教感情頂禮膜拜。正所謂「山不在高，有仙則靈」。茅山的盛名，正是以包括三茅君在內的在茅山修煉過的一系列神仙和道士的傳說為基礎的。

宗教感情離不開神祕感，神祕的東西容易引人崇拜。神仙和高大的山嶽都有神祕性。神仙崇拜興起於戰國以後，而山嶽崇拜的興起則要早得多。世界各地的原始族群，一般都有崇拜山嶽的現象。山嶽的巍峨雄壯，山路的難行難辨，都容易使原始人群產生神祕感。他們往往把高山看作通天之路，認為神靈住在天上，或者以為神靈就住在山中。那時越是高大、險峻、遙遠的山嶽，越是容易引人崇拜。看漢文古籍可以發現，先秦時期人們有時還把「天」和「山」混為一談。例如戰國時代人們普遍認為黃帝是華夏族的祖先，死後成為天神，而戰國文獻《穆天子傳》說周穆王遠行西方時，「升於昆侖之丘，以觀黃帝之宮」，《周易·大畜·象辭》中說「天在山中」，應當都是這種觀念的反映。

上古華夏先民認為，只有偉大的英雄（通常是氏族首領中有功於民的人物）死後，靈魂可能永遠不消失，而成為天上與山中的神；至於普通人，是沒有這種資格的。但是大約

從戰國時代開始，因為自然知識和技術的進步，加上社會的發展衝擊了舊的等級制度，於是一些新派知識分子設想，人們有可能通過自身的努力，借助於適當的技術，去病強身以致於長生不死，進而取得神性。這種想像中的不死神人，稱為「僊」（後來多寫作「仙」），也稱為「仙人」、「神仙」；「僊」字意思是升天的人；「仙」字意思是入山的人。

神仙家認為，求仙者應該遠離人寰，入山修煉，他們設想山嶽中應該存在著一些專門居留神仙的境域。自從神仙學說興起以後，山嶽崇拜的著重點逐漸從天神轉向仙人。仙人不管有多麼神祕，但畢竟是由普通人修煉而成的。如果說人們心目中的神山的神性需要由不同凡響的自然條件來體現，不能不高大險峻，那麼兼具神性和人性的仙山就還需要稍微舒適宜人一點。仙山是從凡人到神仙的過渡空間，需要把人性的親近感和神性的距離感結合起來，現實世界中的山嶽很難滿足這樣的要求，所以早期的仙山往往存在於想像的世界。早期神仙傳說多說仙境在煙波飄渺的東方海面，或荒涼神祕的西域高原。這些仙境雖然是虛擬的，卻與有意的偽造還不完全是一回事，多半是以訛傳訛，傳播者受願望支配而下意識地添油加醋，甚至加進願望者的幻覺。因此，神仙方術之士對這類仙境傳說原則上是認真對待的。方士們一代一代地尋求傳說中的虛擬仙山而不得，之後才不得不降而求其次，越來越多地把尋求仙境的目光轉向人間已知的山嶽。於是，較後的傳說中的仙境就越來越聯繫於世上實有的山嶽。但是

世上實有的山嶽不管多麼偏遠，也早晚會被普通人找到，人們在那種現實凡俗空間裡怎麼可能真的找到非現實的神聖空間呢？於是「洞天」作為一種逼真的神聖空間在方士們的幻想或幻覺中出現了。不知從何時起，神仙方士開始將他們最看中的山林修煉場地稱為「洞天」或「福地」。福地可以理解為安樂幸福之地，也可以理解為人們容易得到神仙福佑之地，但都還是人間的一部分；洞天意為洞中別有天地，指仙人所居之處，已與人間有嚴格的界限，普通人無法涉足。（但是，後人對這種初始意義的區別越來越不注意，甚至許多道書也往往將洞天福地連稱而不加區別。）自從有了「洞天」的說法，仙山的神性一面就無需承擔凡人肉眼驗證的風險，而不必完全依賴高大險峻之類的自然條件來遮罩了。於是，一座山是不是會被人看作仙山，就可以主要取決於當地的人文環境了。

第二節　漢晉時期江東神仙文化

　　茅山所在的長江下游東南地區，即漢晉時代人習稱的江東或江左，近代稱為江南（可以看作狹義的江南），是中國長江以南地方（廣義江南）最重要的一部分。自夏商以來，江

南社會發展水平長期落後於中原，因而當地原始巫俗長期延續。春秋後期，吳、越兩國相繼在江東崛起，文化也興盛一時，聚集了不少人才，其中孫武、范蠡等都與道家思想有密切關係。但吳、越滅亡之後，當地學術文化也大幅度地衰落。秦漢時期，吳越舊境已被人視為蠻荒之地，這裡文化上最有全國影響的是越巫之術，它成了漢武帝宮中最受青睞的巫術類型。漢代依託黃老道的神仙方術風靡全國，江南也受到影響。繼縹緲的東海仙島與隱約的西部仙山之後，秀麗迷離的江南山林也成為中原仙士遐想不已的仙鄉。對於真誠希望遠離塵囂隱居求道的仙士來說，江南山林比起波濤無際的東海和高遠淒涼的西部來，多少要現實可及一些，因而從中原下江南的神仙方士時有所聞。

　　但是漢代神仙方術中心仍在北方。這時的神仙思想逐漸與黃老道家相結合。神仙方術的新成果，主要出自齊、楚兩大方士集團。江南的神仙方士中，唯有會稽郡上虞縣的淳于叔通、魏伯陽顯示了第一流的創新能力，他們對曾任青州從事的北海郡（今山東維坊一帶）人徐某的原作相繼加工，寫成一部融《周易》象數學說與黃老神仙家丹鼎學說為一體的理論著作，就是《周易參同契》。然而這部書過於抽象玄奧，不便於在爐鼎中實際操作，所以當時並不受煉丹方士的重視。後來《周易參同契》被推許為「萬古丹經王」，當已經是在唐代內丹術興起以後了。

　　不過嚴格說來，《周易參同契》不能算是標準的「道經」。

傳統宗教所謂的「經」，指的是宗教文獻中少數被認為具有神聖性的作品。道教的文獻比較龐雜，號稱「經」的比較多，情況也各不相同，但是一般都被認為源出於非凡的途徑，或是先天存在的文本，或是神仙宣示的話語，因為特殊的因緣，經由神奇的方式，才得流傳人間。《道藏》將「三洞」（三大派道書）各分為「十二部」，即本文、神符、玉訣、靈圖、譜錄、戒律、威儀、方法、眾術、記傳、贊誦和章表，其中的「本文」部分，號稱「三元八會之書」，即「陰陽初分」之時由所謂「三才」（天地人）與「五行」（金木水火土）共八項因素交會凝結而成的神聖文本，通常才配稱為「道經」。而《周易參同契》在當時人的概念中仍然屬於人間的研究成果，無法與先天經書同日而語。

按照上述嚴格的意義來看道經，《靈寶五符經》屬於比較早的一部。早在兩漢之際民間儒教運動中問世的緯書《河圖絳象》，就講到一個以吳越為背景的神話故事，說是當年夏禹曾經在太湖中的包山（即今洞庭西山）留藏神聖的「真文」。後來春秋時的著名霸主吳王闔閭派龍威丈人探查包山石室，發現此書，凡一卷174字，但是這些字都是「天帝大文」，吳王豈能識得，只好派人去問孔子，還假稱是一隻赤鳥銜來的。不料孔子一看，就背誦了一首得自西海地方的童謠：「吳王出游觀震湖，龍威丈人名隱居，北上包山入靈墟，乃造洞庭竊禹書。天帝大文不可舒，此文長傅百六初，今強取出喪國廬。」吳王一聽，自己冒犯神靈，已經闖禍了，就嚇得把書還了回

去。這個故事在漢代吳越地方文獻《越絕書》中也有大同小異的記述，其中指明吳王所得禹書名叫「靈寶五符」，說是神人授與夏禹「以役蛟龍水豹」的。在這個傳說中露面的《靈寶五符》，不知何時成了神仙方士手中實有的符書，隨後便發展成東晉葛洪的《抱朴子內篇》「辨問」篇記載的「《靈寶經》有〈正機〉、〈平衡〉、〈飛龜授秩〉凡三篇」，大概就是後來《道藏》收錄的〈太上靈寶五符序〉的前身。早期仙經中的《靈寶五符經》託始於夏禹和吳王闔閭，帶有江南文化傳統的色彩，但在東晉的影響遠遠不及《上清經》和《三皇經》。葛洪曾在《抱朴子》中引用《靈寶經》，當係其師鄭隱所傳。但鄭隱重《三皇文》，葛洪重金丹術，對《靈寶經》都不太重視。

隨著漢帝國的瓦解，中原持續大亂，居民大批逃亡，神仙方士也不例外。相對安定的南方吸引了大批移民，江東仙士見於各種記載的就突然增多了。例如《三國志·吳書·孫破虜討逆傳》注引《江表傳》中說到，當時有一個琅邪道士于吉（東漢琅邪國都城在今山東臨沂北），來到吳郡（治今江蘇蘇州）、會稽郡（治今浙江紹興）一帶活動，建立了舉行宗教活動的精舍，帶領大家燒香讀道書，還製作符水給人治病，吳、會兩郡有許多人追隨他。當時割據江東的孫策駐紮在會稽，有一次他正在郡城門樓上集會諸將賓客，這時于吉穿著華麗的服裝，拿著一個號稱「仙人鏵」的漆畫小盒子，快步朝城門走來，孫策手下的諸將、賓客們竟然有三分之二不顧禁令，趕忙下樓去迎接禮拜。于吉（有的書寫作「干吉」）是

早期道經傳播史上的一個重要角色,在漢魏民間神仙傳說中,
《太平經》就是由帛和傳授給于吉的素書二卷演寫而成的。
不過孫策離《太平經》出世的年代太遠, 他所見的于吉可能
是個冒牌者。孫策後來將這個于吉殺掉了,那些崇拜于吉的
人還認為他並沒有被殺死,只是「尸解」(即以留下屍體的方
式離世成仙),因而仍舊祭祀于吉以求福佑。

　　漢末有一個著名的方士左慈字元放,曾被曹操招至門下,
後來逃走,也到了江東。他把丹經傳給了家住茅山腳下丹陽
郡句容縣的東吳貴族葛玄(西元164～244年),葛玄傳給鄭隱,
鄭隱後來又傳給了葛玄的侄孫葛洪(西元283～343年);葛洪
寫成一部集神仙學說之大成的著作《抱朴子》,其中的〈金丹〉
篇對左慈所傳的丹法做了介紹。

　　西晉短期統一以後又迅速崩潰,中原大亂愈演愈烈,更
多的仙士隨移民浪潮南下。其後佔據北方的胡族君主出於民
族對抗心理,希圖打擊漢族的文化優勢,大都推崇佛教,這
就使晉朝遺民中的黃老道派處境相對惡化,不得不向南方轉
移。神仙方術的中心便從北方的齊(山東半島)、楚(淮河流
域)等地轉移到了江南吳越一帶。洞天福地的傳說大概就是
在這一段時間定型的,於是我們看到,現存傳說中的洞天福
地,大多分布在江南,特別集中在吳越一帶。

　　兩晉之際在江南流行的黃老道法中,以《三皇文》為代
表的一派也比較有影響。三皇派奉行一種與神仙觀念相聯繫
的鬼神方術。葛洪的師父鄭隱也是《三皇文》的傳承者。《三

皇文》是一種祕傳的經法，鄭隱對他的《三皇文》從何而得，
想必也是要保密的，所以我們沒有看到關於這方面的資訊。
他雖然曾從葛玄學得左慈所傳丹法，但《三皇文》與丹法旨
趣不同，未必也是得自葛玄。

在魏晉民間神仙傳說中，《三皇文》的出世源於帛和。帛
和在早期道經傳播史上也是個很重要的角色。有說他曾傳授
于吉素書二卷，後來演寫而成《太平經》。又有說他是西城山
王君的弟子，而西城山洞在司馬承禎所述十大洞天中列名第
三，王君就是它的主管仙真。但是一般人都不知道這個西城
洞天究竟在哪裡，據南朝道士陶弘景推測，可能位於「終南
太一之山」，即現在陝西西安以南的秦嶺中；唐末五代道士杜
光庭則認為在「蜀州」（治今四川崇慶）。傳說帛和就是按照
西城王君的指示，在西城山洞面壁三年，終於見到《三皇文》
顯現在石壁上的。六朝時江南民間有一種「帛家道」，可能就
是以帛和為主要崇拜對象的民間道派。

在上述《三皇內文》之外，鮑靚又傳出一種新的《三皇
文》文本。據《晉書》記載，鮑靚是東海（郡治在今山東郯
城北）人，西晉時任南海（治今廣州）太守。他大約是永嘉
之亂後滯留江南的。據神仙家傳說，鮑靚曾經於惠帝永康年
間在嵩山的一處石室中面壁清齋思道，忽然看見石壁上有雕
刻的文字出現，就是《三皇文》，他便按照神仙方士關於道經
傳授的傳統禮儀，以四百尺絹獻祭以後接受了這篇經文。鮑
靚後來也成了葛洪的師父，還把女兒鮑姑嫁給了葛洪。因此，

兩種《三皇文》後來都傳到了葛洪手中。

葛洪祖輩世代為官，但他13歲時就死了父親，因而家道中落。他自己發憤讀書，一度投到從祖葛玄的弟子鄭隱門下求學。鄭隱本是個大儒士，晚年對仙道也很有興趣，當時他在離茅山不遠的馬跡山（約在今江蘇鎮江）隱居，領導著一個儒家經學的教學集團。葛洪去時目的不是要學道術，而主要是修儒業，只是他好奇心強，求知欲旺，從五經諸史百家之言到各種雜書，幾乎沒有不在他博覽的範圍之內的。經過比較長的觀察，鄭隱看中了他，特向他個人授道書，其中可能有念及葛玄師恩的成分；但也知道他的主要心思還在現實社會生活上，不可能專心於個人修煉，並未把他當作道業的繼承人。鄭隱於太安元年（西元302年）預測世局將亂，江東也將鼎沸，便帶領一部分入室弟子，離開這太靠近南方政治中心的寧鎮丘陵地區，打算到更邊遠的霍山（今福建東北，或說在霞浦，或說在寧德）去尋找新的隱居點，其後就音訊全無了。

葛洪當時並未跟從師父遠行，或許他還算不上鄭隱比較貼心的「入室弟子」。此後葛洪仍志在創立世間功業，20歲參加平石冰之亂立下戰功，後來仕途不順，就想作社會批判家，著一部子書，讓自己在後世留下文儒的名聲。他於建武年間（西元317～318年）寫成的《抱朴子》，「言人間得失，世事臧否，屬儒家」（〈自敘〉）。該書飽含葛洪心血，刻劃西晉的政治概況和社會風貌，既深刻，又生動。

　　正因為葛洪對社會現實了解深刻，所以失望也徹底。既不能兼濟天下，便只求獨善其身。於是仙術在他內心深處的影響便越來越活化，使得他越來越將注意力轉向對個體生命奧祕的探索。繼「儒家」的《抱朴子》（即其外篇）之後，他又完成了「道家」的《抱朴子》（即其內篇）的寫作。葛洪前半生偶爾也隱居煉丹，但基本上是過著正常的社會生活，後半生（大致完成《抱朴子》內外篇之後）則隱居時間居多，晚年完全隱於羅浮山，直到去世。

　　葛洪的仙術以金丹術為中心，兼容諸術。鄭隱傳給葛洪的本來就雜，既有左慈、葛玄一派丹法，又特別強調「道書之重者，莫過於《三皇內文》、《五嶽真形圖》也」（〈遐覽〉篇），這是《三皇經》系統的觀點，與強調金丹的左、葛不是同派。葛洪另一位師父鮑靚「學兼內外，明天文、河洛書」（《晉書·藝術傳》），也是一個大雜家。可以說正是因為葛洪並非嚴格意義上的道士，所以不必謹守道派門規，能博采眾家道術，也不怕洩密，而敢於儘量用明白曉暢的語言極力向社會作宣傳，於是才產生了一部集前代神仙方術之大成而對後代影響巨大的《抱朴子內篇》。

第三節　華陽洞天與金陵福地

　　茅盈選擇句曲作為隱居地之時，那地方必定還是人跡罕至，山深林密。在東晉南朝時期江南的神仙傳說中，茅山成為神仙出沒的洞天福地，同時人氣也已經比較濃了。南朝齊代陶弘景選中茅山作為隱居地，他留下的觀感是：「昔時山下遠近諸處，長林榛芿，遮天蔽日，無處不可隱密。即今砍伐耕稼，四通九達，山中亦皆顯露。時移事易，不復可準。乃言未久如此，正復五六十年來漸劇耳。」（《真誥》卷十一注）就是說，直到南朝初期，茅山的茂密森林還基本完好，但是經過幾十年的開墾，人氣越來越旺，到了齊朝，茅山已經交通方便，地面上也不再有什麼地方好隱蔽仙人了。這樣有失清幽的環境，似乎不應該是隱居修仙的上選。但是據神仙方士傳說，此山另有奧祕。東晉楊羲留下的所謂仙真降誥中，有一組專門介紹茅山仙境的誥語，據說是三茅君所說，就是現存道教古籍《真誥》第十一卷〈稽神樞第一〉的主體。〈稽神樞第一〉說到：

　　　　大天之內有地中之洞天三十六所，其第八是句曲山
　　　　之洞，周迴一百五十里，名曰金壇華陽之天。洞墟

四郭上下皆石也。上平處在土下，正當十三四里而出上地耳。東西四十五里，南北三十五里，正方平。其內虛空之處一百七十丈，下處一百丈。下壚猶有原阜壟傴，上蓋正平也。其內有陰暉夜光日精之根，照此空內，明并日月矣。陰暉主夜，日精主晝，形如日月之圓，飛在玄空之中。句曲之洞宮有五門：南兩便門，東西便門，北大便門，凡合五便門也。虛空之內，皆有石階，曲出以承門口，令得往來上下也。人卒行出入者，都不覺是洞天之中，故自謂是外之道路也。日月之光既自不異，草木水澤又與外無別，飛鳥交橫，風雲蓊鬱，亦不知所以疑之矣。所謂洞天神宮，靈妙無方，不可得而議，不可得而罔也。句曲洞天，東通林屋，北通岱宗，西通峨眉，南通羅浮，皆大道也；其間有小徑雜路，阡陌抄會，非一處也。

（宇宙之中，有分布在地面以下的「洞天」三十六處，其中第八洞天就是句曲山的洞天，它的外緣一周長達一百五十里，名叫「金壇華陽之天」。這洞的四面和上下都是巖石，平坦的洞頂埋在泥土之下，大約還有十三四里才能到達地面。洞內東西長四十五里，南北寬三十五里，形成一塊四方形的平面，空間高的地方達一百七十丈，低的地方也有一百丈。洞的底面有原野、丘陵、田埂、水壩，洞頂則完全是平的。裡面有「陰暉夜光」和

「日精之根」，它們照耀著洞內空間，像太陽和月亮一樣光明。「陰暉夜光」管晚上，「日精之根」管白天，也像太陽和月亮一樣圓圓的，運行在虛空之中。這座洞宮有五個門，即南面兩個便門，東西各一個便門，北面一個大的便門。洞內有石頭階梯，彎彎曲曲地通過虛空連接洞門，使人可以上下往來。要是有人匆忙之中走進了洞門，都不會覺得是在洞天之中，還自以為是走在外面世界的道路上呢。既然有同樣的日月光輝，又有同樣的草木水澤，鳥兒縱橫交錯地飛，濃雲在風中變幻，人們是不可能產生懷疑的。正像有人說的那樣：「洞天是神界的宮室，神奇美妙無可比擬，人們沒有辦法加以評論，也無從產生疑惑。」句曲洞天，往東可以通達林屋山，往北可以通達泰山，往西可以通達峨嵋山，往南可以通達羅浮山，與它們之間都有大路；這些大路之間還有小徑雜路，在田野間縱橫交錯，數目不少。）

就是說，這裡的仙境是一個深藏在地面十三四里以下的巨大的地穴，內有日月映照，也有晝夜區分，連山水草木飛鳥風雲田園道路都與人世間同樣，而且可以直接通達別的名山仙境，豈不是洞中別有天地？

據說茅山不但地下是仙真的洞天，而且地上有人間的福地，名為金陵，這個名字大概與產金有關。〈稽神樞〉中說：

句曲山，其間有金陵之地，地方三十七八頃，是金
陵之地肺也。土良而井水甜美。居其地，必得度世
見太平。《河圖內元經》曰：「乃地肺土良水清，句
曲之山，金壇之陵，可以度世，上昇曲城。」又《河
書中篇》曰：「句金之山，其間有陵，兵病不往，洪
波不登。」此之謂也。

所謂「地肺」，應即「地肺」，當是指想像中的大地吐納元氣
的要害區域，既是元氣所鍾，豈不是應當能避免兵災疫病嗎？
但是茅山方圓數十里，這塊三十七八頃的金陵福地究竟在茅
山的什麼地方？誰也沒有說個明白。〈稽神樞〉中又說：

金陵之土似北邙及北谷關土，堅實而宜禾穀。掘其
間作井，正似長安鳳門外井水味，是清源幽瀾，洞
泉遠沾耳。水色白。都不學道，居其土，飲其水，
亦令人壽考也，是金津潤液之所溉耶！

是說此地土壤不錯，水質更好。因為地下含金，金是仙
藥的原料，所以即使不學道，只要喝此地的水，就能長壽。
這真是一塊修仙的寶地。〈稽神樞〉又提到另一種關於茅山「福
地」的說法，稱為「伏龍之鄉」：

《孔子福地記》云：崗山之間有伏龍之鄉，可以避

水、辟兵、長生。本所以名為崗者，亦金壇之質也。

關於茅山的所謂福地，看來民間流傳的說法不盡相同，而假仙真之口發布誥語的人自己也沒有一定的看法，想要找這塊福地的凡人就很為難了。而且福地也不是誰都好居住的。陶弘景為《真誥·稽神樞》作的注說到：

> 若為仙真度世及種民者，無患不自然得至。苟非其分，徒攜手築室，必當諸方不立，趣使移去耳。悠悠凡猥，勿承此強欲居之。

就是說，如果沒有緣分，到了福地也不能站穩腳跟，而會被某種神祕的力量逼走。所以，凡夫俗子還是隨緣聽命，不要隨便起意去搶佔福地為好。如果是有仙緣的人，不用費心尋找，自然會被機緣引導進達福地。

按照後來（至遲不晚於唐代中期）定型的說法，天地間共有「十大洞天」、「三十六小洞天」、「七十二福地」，其中茅山的「金壇華陽天」名列十大洞天第八，廣義茅山所屬良常山的「良常放命洞天」名列三十六小洞天的第三十二，地肺山（即茅山）名列七十二福地的第一。

第二章
意媾神凡播上清

《黃庭經》認為修道者對身神進行「存思」，
便可通神感靈，長生成仙
《上清經》則加上存思上界神靈
只要誦某一帝君之章，存思其神，
就可召帝君下降人身相應部位，
並有相應之氣結為身神，起到修煉作用，飛身上清

第一節　符籙、服食與煉養

　　晉哀帝興寧三年（西元365年）六月的一個晚上，茅山地區的一間靜室內，一位三十多歲的男子，膚色潔白，面目俊秀，獨坐凝神，微閉雙眼，正在修煉「存想」之術。不久，像近年經常發生的一樣，他覺得仙真又從門外進來了。這次來的是兩位女仙，領先的叫做「紫微左宮王夫人」，是先前來過多次的熟客，西王母的第二十女，在仙界主管那些應當成為真人的修煉者的教育工作。她帶來的新客，是由兩位侍女陪侍左右的一位大約十三四歲的美少女，主僕都像美玉般瑩潤，還散發出宜人的芳香。紫微夫人介紹，新來貴客是西王母的徒兒安鬱嬪，已學成受封為「紫清上宮九華真妃」。夫人問他，世上見過這樣出眾的人嗎？他說：「靈尊高秀，無以為喻。」夫人便大笑說，給你怎麼樣？他沉默。大家都默坐了好一陣。安妃便亮出早就握在手中的三顆仙棗，分給他和夫人各一顆，一起品嚐。吃完又坐了一會，安妃便主動問他年齡，誇他師門，最後說：「聞君德音甚久，不圖今日得敘因緣，歡願於冥運之會，依然有松蘿之纏矣。」話雖委婉，愛意畢露。他連忙說了許多話，表示榮幸而又不敢當。安妃不許他有謙飾之辭。雙方一時無話。又過了好一陣，安妃請他展開紙筆，

口授詩篇，然後說，送給你表心意，慢慢去理解。紫微夫人也口授詩篇，讓他寫下後送他。又過了好一陣，夫人告辭，便突然消失了。安妃留下說，心情未曾抒發，情意不能忘卻，你該從詩裡讀到了。明日我再來。便握住了他的手，然後起身走向門口，突然消逝。

他就是把《上清經》傳向人間的道士楊羲（西元330～386年）。上面是他與九華安妃的仙凡之戀的開端。這個故事見於陶弘景所編《真誥》中收錄的楊羲自己的筆記資料。

楊羲所煉的存想之術，屬於仙道的內煉之術。民間黃老道派的學問和技能，主要是符籙、服食與煉養三類。符籙為鬼神方術，史稱「鬼道」；服食即外養之術，煉養即內煉之術，二者都是養生和修仙的方術，可稱為「仙道」。漢末民間道派是因基層群眾的祭祀需要得不到滿足而興起的，因此著重於鬼神之術。至於神仙方術之士，一般是個人隱居修煉，與民眾聯繫較少。雖然仙道也是促成漢末民間新興宗教運動的一大重要因素，但至少東晉以前，未見形成以仙道為中心的教團組織。

在漢末民間新興宗教運動中興起的天師道與太平道，都屬於鬼神道派，都極富於反叛精神，都以社會群體綱紀為重，都有積極進取的傾向，力圖在現實世界中很快實現太平盛世理想。這一理想在漢末大亂中破滅了，倖存下來的天師道不得不突出末世論意識，把樂觀的理想推向虛擬的未來，而對現實可預見的將來採取悲觀的看法，從積極改造社會秩序轉

向在現有秩序之中保存自己，從偏重群體命運轉向也要顧念個體可能的自由和逍遙。這是一個處於邊緣地位的勢力把自己對主流社會的態度，從積極挑戰轉為消極服從甚至主動合作的過程。

鬼神道有較濃的巫術氣息，它比較適合下層民眾的心理，卻容易招上流人士輕蔑。於是魏晉天師道不斷加重仙道因素，以迎合士人的需求，因而爭取到了許多士人加入天師道。但天師道的基本傾向始終是入世性的，而魏晉時代追求個體自由的思潮相當高漲，對士人的出世傾向有強化作用。這類傾向出世的士人不少歸依了佛門，但其中堅持華夏文化本位的一部分士人既不願全盤歸佛，又不能從天師道得到滿足，便在華夏隱逸傳統的基礎上，結合仙術宗教化的新思潮，形成了一種既出世又非佛而自視為比天師道層次更高的新型宗教信仰，《上清經》就是這一信仰形成的標誌。這是民間黃老道派發展過程的一個轉捩點。

仙道的煉養、服食兩大流派中，服食實證性比較強，離經驗技術或廣義的科學比較近。煉養講的是煉人體內的「元氣」，大致相當於今人所謂「氣功」，比較複雜微妙，與心理因素關係較大，難於驗證，故而容易走向神祕化，尤其是其中需要調動想像力的「存思」一類的意念操縱方術，更容易向宗教發展。

現存關於存思術最早的專著是《黃庭內景經》和《黃庭外景經》。大約是東漢問世的《列仙傳》，已記載了道士阮丘

以《老君黃庭經》授朱璜的故事；在可能作成於曹魏時的《正一法文天師教戒科經》中，也出現了「《黃庭》三靈七言，皆訓諭本經，為道德之光華」這樣的句子；東晉葛洪的《抱朴子》的〈遐覽〉篇也著錄有《黃庭經》。現存《黃庭》內外二景經，內容及結構大致相同，都是以黃老養生觀念與醫家臟腑理論相結合，闡述長生成仙之術。經中說，在人身體內有三丹田，分統三部八景共二十四神；修道者對身神進行「存思」，便可通神感靈，長生成仙。《外景經》託名老子所作。《內景經》則託稱「太上大道玉晨君」所作，實則可能是同一書的兩種傳本。

西晉女方士魏華存（西元252～334年）在《黃庭經》的流傳中起了很大作用。據說她是任城人，晉司徒魏舒之女，修武令劉文之妻；她隨夫住在修武縣（今河南省獲嘉縣）時，得真仙降臨，授與《黃庭經》；丈夫去世後，她預知中原將亂，攜二子渡江，於成帝咸和九年（西元334年）尸解。《隋書・經籍志》等著錄有她所撰《清虛真人王君內傳》一卷，傳主是她的師父仙人王袤（又作王褒）。陶弘景的《登真隱訣》注云：「天師於陽洛教授此訣也。按夫人於時已就研詠洞經，備行眾妙。而方便宣告太清之小術，民間之雜事者，云以夫人在世曾為祭酒故也。」是則魏華存曾入天師道，已任至祭酒，後來才轉向新的道法體系。

黃庭思想就是一種存思身神的思想，魏華存所謂得真仙授經的說法，可能基於她自己存思時的通神幻覺體驗。她於

西晉末年避亂南下，將《黃庭》思想傳入江南，《上清經》就是以《黃庭》思想為本的。《黃庭經》法存思身神，《上清經》法則加上存思上界神靈。魏華存被後來的茅山上清宗尊為人世間的第一代祖師（茅山上清宗把元始天尊看作是天上的祖師，傳七代以後降及人世）。

第二節　許氏家族與《上清經》的產生

　　《上清經》的產生，與東晉丹陽郡句容縣土著大族許氏有關。句容西距首都建康不遠，茅山就在縣境之內。古代大族子弟的傳統理想本來是讀書做官，但是魏晉時期天下大亂，入仕難有作為，又多風險，因而出世之思頗為流行。東晉朝政由北方南下的僑人士族把持，南方土著士族的仕途比較窄，因此出世之風在南方土著士人中更甚。僑人士族比較習染魏晉玄風，而當時佛教依附玄學，因而他們在儒教之外尋求個人精神寄託時，容易選中新興的佛教。而江南土著士族所習一般為漢代舊學，比較容易選擇民間黃老道派作為失意時的精神寄託。

　　在東晉確立的門閥制度中，丹陽許家屬於次等士族，即

按照九品官人法經常被中正評為三品至九品的「人品」，反覆
充任一般不超過官品六品職位的士人家族。陶弘景《真誥·
敘錄》記有一位李東，為「許家常所使祭酒」，可能天師道祭
酒李東曾常駐許家，以此作為傳教基地。許家名士許邁一生
未出仕，曾拜李東為師，但天師道已不能滿足許邁的需求，
他又向其他道法尋求精神寄託。史載他曾去向鮑靚求教，得
以「探其至要」（《晉書·許邁傳》）。《真誥》稱他「本屬事帛
家之道」，顧名思義，這個「帛家之道」應該與一個姓「帛」
的神仙或修煉者有關。當時民間傳說中正好有一位著名的仙
人帛和，《太平經》和《三皇經》的出世據說都經過帛和的傳
授，帛家道或即與這兩種經法有聯繫，而鮑靚也是《三皇經》
的傳人。後來許邁遠遊求仙，不知所終。許邁的弟弟許謐（西
元305～376年），晉穆帝（西元345～361年）末年任至護軍長
史（六品），同時對仙道保持強烈興趣。他在茅山中建有別墅，
可作修煉之用。他又廣交道術之士，其中包括華僑、楊羲。

　　華僑是許家的姻親，也是江南土著士族。根據《真誥·
敘錄》的介紹，華僑原本是一種民間宗教信仰的家傳信徒，
這種信仰很重視通神術。可能華僑能夠產生非常強烈的幻覺
體驗，因而在交通鬼神的儀式活動中扮演重要角色。但這種
俗神信仰只讓他受到頻繁的役使，卻沒有體現出道義的魅力，
因而華僑逐漸對自己的神祕體驗深感痛苦而力求逃避，便到
「丹陽許治」來尋求天師道的保護。入天師道後「鬼事得息」，
解脫了這一沉重的精神負擔，但天師道法也不能滿足他進一

步的精神追求，於是他鑽研仙道存思等術。後來他的仙道心
得越積越多，他的通神幻覺體驗能力又被啟動，便產生了真
仙降臨的幻覺。幻覺中出現的兩位真仙周義山和裴玄靈，讓
他去向長史（即許謐）「通傳旨意」，我們也可以把這個情節
看作是他自己潛意識的投射。華僑這一段鑽研仙術的心得，
集中反映在《紫陽真人周君內傳》中。所謂「紫陽真人周君」
即周義山。這本傳記號稱是周義山自己作的，但據《真誥》
卷十二注，實為華僑所撰，可能是他對自己包含了豐富的下
意識資訊的神祕幻覺體驗的整理，或許利用神仙傳說資料，
作了有意識的加工。傳中敘周義山於西漢末年居陳留郡（今
河南開封東），感得中嶽仙人蘇子玄授以守三一之法，後又陸
續從眾多仙真處受仙經，包括《三皇內文》、《大洞真經》等，
名目甚多。可能歷史上確有一位名叫周義山的神仙術士；據
說是他所撰的《玄洲上卿蘇君傳》，述周義山的師父蘇子玄，
《真誥》中已提及。

　　後來，可能是茅山一帶傳承的仙術資訊太豐富了，超出
了華僑的把握能力，他無力繼續整合下去，甚至他向許謐傳
遞的資訊是否表述適度，他自己也沒有自信了，於是不得不
在潛意識中調動分裂的人格，借助於真仙罷黜的名義，封閉
了自己的神祕感受。華僑離開許家後，似不再以仙道為務，
後來做了江乘縣令。

　　楊羲也是江南土著士人，家世不詳。據《真誥・敘錄》，
他「幼有通靈之鑑」，可能也是一個感受敏銳而易於產生神祕

宗教體驗的人，他的學問和風度都很出眾，許謐為之傾倒。楊羲受許謐推薦在京城獲王府舍人之職，並將家遷來句容與許謐為伴。其時世上已有魏華存的傳記流傳，楊羲曾從魏華存長子劉璞學過道經，可能對魏十分崇拜。他在修煉存想之術時（或在京中，或在句容家中，或在茅山許氏別墅），忽然宣稱有大批「真靈」（即高等神仙）降臨，包括魏華存的眾仙向他傳授了大量經文和口諭，魏華存成了他的師尊。而且此後這種「降臨」頻繁發生。他把這些經文和口諭用隸字寫出，再傳給許謐及其第三子許翽（西元341～370年），二許重新抄寫。這樣的活動，從晉哀帝興寧二年（西元364年）開始，持續了大約兩三年。

楊許傳經的故事，神奇得讓人難以置信，有的學者以為是楊羲吹牛；還有的學者以為連楊羲其人其事也是陶弘景的有意作偽。我以為完全否認《真誥》資料的可信性，未免過於輕率。陶弘景富有求真務實的精神，我們尚無理由否定他撰寫《真誥》的誠意。楊、許珍藏「真誥」用於自修而不事張揚，也不符合作偽的邏輯。一種可能的解釋，是把楊羲自以為真靈降示的感覺看作一種迷狂狀態下靈感迸發時的幻覺。其實在宗教史上，特別是在比較原始的民族中，類似的出神入迷的意識異變狀態極為常見，有的可能是佯裝的，但也確實有些並不是本人有意作假。至今仍有人通過各種手段，例如特別的儀式、冥想、齋戒、藥物，極力追求這種出神入迷狀態，心理學家對這類現象還不能作出充分的解釋。瑞士

心理學家榮格提出「集體無意識」論，他認為人類的種族經驗能以象徵縮影的形式（即「原始模型」），通過遺傳密碼傳遞給後代，保存在無意識狀態中；一旦被啟動，便可能產生異常的靈感，甚至創作出高質量的作品。此或可備一說。

故而我們不妨推測：楊羲天資聰慧而特別敏感，求仙心切；在他沉思冥想的修煉過程中，下意識地關閉了對外感覺，轉入「內視」狀態，造成「願望幻境」，周義山、魏華存、華僑等人的通神幻覺體驗（見於他們各自所作其師的傳記）對楊羲也有強烈的誘導作用，於是他的個人無意識和集體無意識都被動員起來，組合成奇特而鮮靈的場景與情節；平時累積的仙學知識和修煉心得，包括零散而不甚經意的，甚至已經失落在無意識領域的，加上從佛教中獲得的一些知識，都得到奇異靈感的創造性加工，借助於幻覺中的真靈之口回授於自我。魏華存成為他的師父，茅山民間盛傳的三茅君及前述王、魏、蘇、周等仙傳中的角色大都降臨授誥，上述仙傳中提及的仙經，他也陸續得諸真人授與。其實這些仙經可能並不存在，只是上述仙傳中的仙經名目觸發了楊羲潛意識中的靈感，遂創造成文。可能每次當他恢復正常意識後，自己也相信真的經歷了一次真靈降示。一篇篇被當作真靈授與的作品，包括系統精巧的上清經文，就這樣產生了。

江南自古巫風特盛，通神術相當流行，而且女性靈媒特多，楊羲濡染其間，不但養成了通神體驗的高敏感性，而且潛意識中女性靈媒的意象特別豐富，所以在他的通神幻覺體

驗中，降臨的女真相當多，其中包括西王母的兩位女兒和一位徒兒。已從民間崇拜習俗中融入黃老道派神譜的西王母，也是楊羲所傳經誥中提及最多的神靈之一。

　這樣得來的以《上清大洞真經》三十九章為首的若干卷《上清經》，和大批「真人口授之誥」，加上當事人的有關記敘，成為許家祕不示人的寶物。但這些經誥的內容仍不免有所洩露，並且惹得有人暗中仿冒。到了元興三年(西元404年)，劉裕出兵討伐篡晉的桓玄，建康人心浮動，許翽之子許黃民(西元361～429年)便帶著《上清經》等楊許真跡往剡縣(今浙江嵊縣)避難，受到馬朗和他的堂弟馬罕的保護。不少人慕名來剡縣，千方百計向許黃民求看經書。其中有個天才道士王靈期，為了求經，賴著不肯走，「凍露霜雪，幾至性命」，許黃民終於受感動，便把經書傳授給他。不料王靈期抄得原經後，又「竊加損益，盛其藻麗，依王魏諸傳題目，張開造制，以備其錄」(《真誥·敘錄》)。如此增訂為50多篇，並定出高額禮信，廣泛傳授。於是在社會上圍繞《上清經》形成了一個組織鬆散的新興仙道派別。楊羲、許謐、許翽、馬朗、馬罕被後來的茅山上清宗推為第二至第六代宗師。許黃民曾經被唐人(例如李渤《真系傳》，見《雲笈七籤》卷四)列為一代道教傳人，但是在後來的上清宗譜裡被二馬取代了，大概是怪他上了王靈期的當，不夠做道教傳人的資格。

　許黃民死後，他所帶的楊許寫本流散世間，後來不少被陸修靜收得，成為他「總括三洞」(即融合三大道派)組建新

道教的一筆重要資本。

第三節　新奇的天宮結構和神仙譜系

　　《上清經》的新神學中，包括一套新奇的關於天宮結構和神仙譜系的說法。在人類各族宗教神話中，天宮通常被設想為神靈活動的主要空間，上清派設想的天宮比華夏傳統的天宮觀念更加複雜。按照周禮及儒教的觀念，天既是自然天體，又是至上神；儒教信徒對天虔誠崇拜，卻並不試圖詳細追究天的結構及其奧祕，在他們心目中，天就是一個整體。戰國諸子對天的思考有所深入，「五天帝」之說將統一的天分成了五片；而〈離騷〉說「圜則九重，孰營度之」，「九天之際，安放安屬？」這是一種立體式的九重天說；《呂氏春秋·有始篇》則說「天有九野」，是一種平面的九天說。但與古代印度神話「三十三天」之說及諸天神靈的浪漫想像相比，戰國人對天的想像還是太平實了。佛教將古印度神話帶入中國，大大刺激了中國人的想像力，於是我們便看到大談「諸天奧祕」的各種新道經，開始在東晉出現了。現存《上清經》31卷中，有的僅說九天（如《上清九丹上化胎精中記經》），有

的又以九天各別置三天，共為九玄三十六天（如《上清外國放品青童內文》），都已含有立體結構。

　　早期黃老道派都強調反對淫祀，精減崇拜對象，神靈數量很少，形象也不甚清晰。五斗米道的最高崇拜對象是「道」，《老子想爾注》說「道明不可知，無形象也」，故反對「指形名道」的觀念（十四章注）；但沒有形象的道難以感動群眾，故又說道「聚形為太上老君」（十章注），魏晉時「指形名道」的觀念漸在民間黃老道派中佔了上風，天師道也只得隨俗。《上清經》中新出現了大批神靈，形象也更加鮮明。這些神靈新名目大多在不同程度上帶著傳統神話、黃老哲學及陰陽五行宇宙圖式的影子。總的看來，楊許所傳《上清經》的神靈還沒有構成一個穩定而清晰的譜系，造經者對儒教所奉至上主宰「天」的態度也不是很明確。道家哲學將道看得比天更重要。《太平經》仍以天為至上神，天師道則代之以作為「道」的化身的老子（太上老君）。寇謙之奉「無極至尊」為最高神靈，但宣教時仍主要借重太上老君的名義。《上清經》神系另起爐竈，說諸天各有神靈主管，諸天神靈都可視為道的化身（有的直接稱某某「大道君」）。《真誥》仍以道為最高存在，卷五《道授》曰：

　　　　道者混然，是生元氣；元氣成，然後有太極；太極
　　　　則天地之父母，道之奧也。故道有大歸，是為素真。
　　　　故非道無以成真，非真無以成道；道不成，其素安

可見乎，是以為大歸也。見而謂之妙，成而謂之道，
用而謂之性。性與道之體，體好至道，道使之然也。
（道，最初是一種混沌狀態，元氣從混沌中產生；元氣
產生以後，就形成一個原始本體，叫做太極；太極就是
天地的父母，也就是道的奇妙性質的反映。所以說，道
有一個大歸宿，叫做素真。因為離開了道就不可能成為
真，離開了真也不可能成為道；要是道不能成立，又從
哪裡去找素呢，這就是道的大歸宿。看清這一點，就叫
做妙；養成這一點，就叫做道；它所發揮的作用，就叫
做性。性與道落實到個體，任何一個個體喜歡至高無上
的道，都是道作用於他的結果。）

這是繼承了漢代黃老道以元氣為基礎的宇宙生成論，但
突出了道與人性的關係。又說：「太上者，道之子孫，審道之
本，洞道之根，是以為上清真人，為老君之師。」

被認為是「老子之師」的「太上」，可能曾被設想為最高
神。但各種《上清經》又在太上之上增加了好幾位更高級的
神靈，而且各經所說高級神靈之間的授受關係也不統一。例
如《上清太上八素真經》說：

《八素真經》者乃玄清玉皇之道也。上皇天帝以此
書受太微天帝君、三元紫精道君、真陽元老君。此
君受書施行道成後以付太上道君。太上道君以傳金

闕後聖李君，李君以付太虛真人，南嶽赤君⋯⋯

而在《上清玉帝七聖玄紀回天九霄經》中，又介紹了「受九玄之氣，布位萬真三十九帝二十四玉皇以部上清之功，分氣散靈以總兆民」的七位頂級神靈，即：高聖玉帝君、高聖太上大道君、上聖紫清太素三元君、上聖白玉龜臺九靈太真西王母、上聖中央黃老君、上聖扶桑太帝君、金闕後聖帝君。上述兩經所舉的神靈中，「金闕後聖李君」顯然脫胎於老子，經中出現甚多，但位置不是最高；「上皇天帝」、「太微天帝君」似脫胎於儒教之天，但已無至上地位，經中也不多見；黃老君脫胎於黃帝；扶桑太帝君顯然脫胎於東王公，他與西王母都是直接取自戰國秦漢以來的民間崇拜；其餘大抵脫胎於黃老學說中的「道」、「元氣」、「精氣」等觀念；「元始天王」也是《上清》諸經中屢見的高級神靈，有的經中說他是西王母之師；「玉帝」、「玉皇」之名都已出現，但不止一位，只不過是道行高深者的泛稱。

《大洞真經》39章的每一章也有一位「帝君」，構成一個三十九帝君的高級神靈系統，又與前面提到的系統不盡相同。

上清派神譜主要是得道成仙者，並將大量從凡人修煉得道的後天仙真納入神界，與先天神靈一起組成一個神仙體系。早期神仙思想只是想把人儘量提升到神的高度，並不曾設想讓仙人去取代神的位置。儒教形成期也受到神仙觀念的影響，讖緯中即有長生成仙的內容，但儒教在東漢經過一個脫除巫

魅的過程後，這些內容已被基本排除。《太平經》將仙人列為受「天」所治的九等臣民中的第四等，低於「無形委氣之神人」、「大神人」、「真人」。天師道神學中，除張陵榮任天師代天教化以外，一般仙人只是個人得解脫，可參與傳播道術，卻並不具有神界職權。只是到了上清派的神學中，才大大抬高了修仙的意義和仙人在神界的地位，即使是先天真聖，除最頂級的直接由「道」所化的神靈不能且不必有師授以外，其餘幾乎皆須從師以「授書試行道成」，而凡人成仙後也在神界佔據重要權位。例如《上清後聖道君列記》說後聖李君有四位輔佐，即「上相方諸宮青童君」、「上保太丹宮南極元君」、「上傅白山宮太素真君」、「上宰西城宮總真王君」。據說總真王君是清虛真人王褒的師父，而王褒則是西漢末年人，修煉成仙後被封為「太素清虛真人領小有天王三元四司右保上公」；女仙魏華存是他的門徒。據說她成仙後得太微帝君等高聖授位為紫虛元君，領上真司命南嶽夫人。據說茅盈修煉成仙後，拜為「太元真人東嶽上卿司命真君，主吳越生死之籍」。據《真誥》說，楊羲得仙真降授上清經法，再轉授許謐、許翽父子；青童君、茅盈、王褒和魏華存都參與了降示楊羲的活動；青童君住東海方諸山東華宮，楊羲成仙後，受命「輔佐東華為司命之任，董司吳越，神靈人鬼一皆關攝之」，許謐成仙後「乃為上清真人」，許翽成仙後「度往東華，受書為上清仙公上相帝晨」（《真誥·敘錄》）。

據《真誥》說，即使是儒教的聖人、賢人，若未經修煉

成仙，也只能作「鬼官」：

> 夫有上聖之德，既終皆受三官書為地下主者，一千
> 年乃轉補三官之五帝，或為東西南北明公以治鬼神，
> 復一千四百年乃得遊行太清，為九宮之中仙也。（卷
> 十六）

而忠、孝在《真誥》中被置於聖德之上，忠孝之人死後能更
快地從鬼官升為入仙階：

> 夫至忠至孝之人，既終皆受書為地下主者，一百四
> 十年乃得受下仙之教，授以大道，從此漸進，得補
> 仙官，一百四十年聽一試進也。（卷十六）

另外，對「才」、「望」、「貞」、「廉」及「先世有功德」
之鬼，也有晉升鬼官、仙品的安排。這樣便形成了一個由凡
人凡鬼、鬼官、後天仙真、先天真聖組成，而由境域神性（道
及元氣）貫穿的連續性境界。

第四節　身神、末世與地獄

　　上清派的修仙兼採眾術,而以存神為主。《黃庭經》之法
講存思身神,《上清經》之法則加上存思上界神靈。

　　身神系統在上清派神譜中佔有重要地位。身神觀念是黃
老道神靈觀念與中醫臟腑理論(以《黃帝內經》為代表)相
結合的產物,現存的東漢道籍《老子河上公章句》與《太平
經》都說到人體有「五臟神」,緯書中還提到其他一些身神的
名號,《黃庭經》已形成以三丹田神為首的三部八景二十四真
的身神系統。上清派的根本經典《上清大洞真經》又提出了
一套與《黃庭經》不同的身神觀念和身神系統,它將在《黃
庭經》還互不相干的身內神與身外神一氣貫通,據說以高上
虛皇君為首的上天三十九帝君「各著經一章」,誦某一帝君之
章,存思其神,就可召帝君下降人身相應部位,並有相應之
氣結為身神,起到修煉作用,甚至可飛身上清。

　　存思身神被上清派作為最重要的修煉方法,所以《真誥》
稱《大洞真經》為「仙道之至經也」(卷五)。希望通過存思
身神來成仙,當然是幻想,但達到強身健體的效果還是可能
的。上清經法使早期民間黃老道派以醫傳教的傳統進一步發
揚光大,為道教增添了藉醫弘道的活力。

《大洞真經》第三十章的造經之神稱為「金闕後聖太平李真天帝上景君」。他在上清派神學中雖不是至上神，卻具有特殊的重要性。「後聖」、「太平」之號含有末世救主的意義，表明他是繼末世災厄之後的將要出現的太平聖世之主。

上清派接受了天師道關於「種民」與「三天」取代「六天」的一套末世論概念。「種民」即「人種」，意謂亂世人當死絕，只有少數為善得道者可被老君挑選存活，留作後來太平之世的種子。其他人本身無福見太平，最多只能寄希望於「子孫當蒙天恩」了。曹魏天師道道徒面對漢中失敗道運低迷的現實，需要作出可以自圓而無損於本道威信的解釋，建立一些新的思想支柱。「種民」之說，當即因此而起。

東晉天師道將正一道法定位為以「罷廢六天」為己任的「三天正法」，其較完整的解說見於劉宋時所出《三天內解經》：

> 太上於琅玡以《太平道經》付于吉、蜀郡李微等，使助六天檢正邪氣。微等復不能使六天氣正，反致漢世群邪滋盛，六天氣勃，三道交錯，癘氣縱橫，醫巫滋彰，皆棄真從偽，弦歌鼓舞，烹殺六畜，酌祭邪鬼，天民夭橫，暴死狼藉。……太上以漢順帝時，選擇中使，平正六天之治，分別真偽，顯明上三天之氣。以漢安元年壬午歲五月一日，老君於蜀郡渠亭山石室中，與道士張道陵，將詣崑崙大治新出太上，太上謂世人不謂真正，而謂邪鬼，因自號

為新出老君，即拜張為太玄都正一平氣三天之師，付張正一盟威之道，新出老君之制，罷廢六天三道時事，平正三天，洗除浮華，納樸還真，承受《太上真經》，制科律。

（太上在琅玡把《太平道經》交給于吉、蜀郡李微等，讓他們幫助「六天」系統的神靈檢察和清理邪氣。但是李微等人仍然沒有能恢復六天之氣的純正，反而使得漢代的社會各種邪氣滋長得很厲害，六天之氣完全給搞亂了，三種不同的道攪在一起，瘴癘之氣到處蔓延，治病的巫師非常活躍，人們都放棄真道，追隨偽道，歌舞喧天，烹殺各種牲畜，備上美酒，向邪鬼獻祭，天下百姓夭亡橫死，亂七八糟地曝屍荒野。……太上就在漢順帝時，選擇使者去檢查整頓六天的統治，分別真道和偽道，逐漸顯明上三天之氣的新秩序。就在漢安元年壬午歲五月一日，老君從蜀郡渠亭山石室動身，與道士張道陵一起，往崑崙大治去參拜新近出現在世上的太上。太上說：現在世人不講求真正的道，而只講邪鬼。因此太上就自號為新出老君，並且拜張道陵為太玄都正一平氣三天之師，把正一盟威之道交付給他，發布新的老君之制，將六天三道統治下的制度和慣例都廢除了，命令張道陵檢查整頓三天體制，洗除浮華的成分，回歸樸素真實的本色，並且讓他接受《太上真經》，並據以制定儀式和規章制度。）

這裡已經把「太上」和「老君」分做兩個神格。並說「太上」傳《太平經》的本意是要扶助「六天」，但是「六天」之氣悖亂得太厲害，扶不起來了，於是「太上」才決定顯明「三天」，罷廢「六天」，由老君選定張陵具體實施。所謂「三天」，在這裡指天師道的神聖體系；「六天」一詞源於漢末經學大師鄭玄對官方祭禮的解釋，在這裡指的是以儒教為代表的官方政治制度及意識形態。

「三天」與「六天」之說，實際上是要給天師道的產生及其主宰世界的要求提供一個神聖的解釋。「三天」說也是一種末世論，是對原有的「種民」說的補充和發展。

楊許所傳《上清經》中有《上清除六天三天正法》一卷，今存《道藏》中的《太上三天正法經》即其遺文。該經稱六天之治興於黃帝，其後「陽元布氣，百六決災，三道虧盈，回運而生，期訖壬辰癸巳之年」，即預言某個壬辰、癸巳年之交為末世災盡太平來臨的轉折之時。太平救主就是後聖李君，他所行的就是三天正法，天師道三天神話中張陵的地位，在上清經中被後聖李君取代了。

末世論是宗教藉以否定世俗社會的一種神學觀念，它的原生形態往往對現實社會秩序採取激烈否定和抗拒的態度，但是任何宗教最後仍然免不了要與一種世俗社會秩序相適應，因而最後又總是要緩和其末世論的表現形式。天師道認為張陵的使命是要為「罷廢六天三道時事，平正三天，洗除

浮華，納樸還真」而採取積極行動，而上清派卻傾向於認為
「三天」取代「六天」是一個無需人為推動的定數，因此後
聖李君無需下凡造反，「種民」們也只要各自修煉，靜待世界
轉折時間（所謂「壬辰癸巳之年」）的到來就可以了。

《真誥》卷十五所謂中茅君誥關於羅酆山六天宮的說法，
是華夏死後世界觀的新發展。其中說：

> 羅酆山在北方癸地，山高二千六百里，周迴三萬里，
> 其山下有洞天，在山之周迴一萬五千里。其上其下
> 並有鬼神宮室。山上有六宮，洞中有六宮，輒周迴
> 千里，是為六天鬼神之宮室也。山上為外宮，洞中
> 為內宮，制度等耳。第一宮名為「紂絕陰天宮」，以
> 次東行，第二宮名為「泰煞諒事宗天宮」，第三宮名
> 為「明晨耐犯武城天宮」，第四宮名為「恬昭罪氣天
> 宮」，第五宮名為「宗靈七非天宮」，第六宮名為「敢
> 司連宛屢天宮」。凡六天宮，是為鬼神六天之治也。

這篇誥語對第一至四宮又有具體介紹：

> 人初死皆先詣紂絕陰天宮中受事，或有先詣名山及
> 泰山江河者，不必便徑先詣第一天，要受事之日、
> 罪考凶之日，當來詣此第一天宮耳。泰煞諒事宗天
> 宮，諸煞鬼是第二天也，卒死暴亡，又經於此。賢

人聖人去世，先經明晨第三天宮受事。福禍吉凶續
命罪害由恬昭第四天宮，鬼官地斗君治此中，鬼官
之北斗。

（剛死的鬼魂，都要先到「紂絕陰天宮」去報到，接受
處理；不過也有先到位於某些名山（特別是泰山）、江
河的地獄報到的，不一定全都直接到這個第一天宮，但
是他們接受處理的日子，或需要接受罪行審判的日子，
還是要到第一天宮來的。「泰煞諒事宗天宮」是第二天
宮，管理各種煞鬼，凡是因各種非正常的原因突然死亡
的鬼魂，又轉到這裡來處理。賢人聖人去世的鬼魂，則
先到第三天宮即「明晨耐犯武城天宮」接受處理。關於
鬼魂未來的福禍吉凶、是繼續壽命還是因罪受罰的問
題，由第四天宮即「恬昭罪氣天宮」處理，這一宮的主
管是鬼官地斗君，他是鬼官中的北斗君（與天神中的北
斗君不是一回事）。）

這篇誥語又介紹了六天宮的六位主管神靈：

炎慶甲者，古之炎帝也，今為北太帝君，天下鬼神
之主也。
武王發，今為鬼官北斗君。
夏啟為東明公，領斗君師。
文王為西明公，領北帝師。

邵公奭為南明公。

吳季札為北明公。

　　羅酆之說不是上清派的首創,《抱朴子・對俗》談到神仙,已有「勢可以總攝羅酆」之句,說明此說至遲在西晉時已有流傳。「羅酆」之「酆」,似指西周的都城「酆都」,羅酆六宮宮主中有三位是西周王族。漢末黃老道文獻中尚不見羅酆之說,其所說死後世界基本上是在古代地下神靈「土伯」及地下世界「黃泉」等觀念基礎上的加工。羅酆六天宮說的出現,可能是在曹魏時代天師道創立以「三天」取代「六天」的神學觀念之後,是對上述「六天」觀念的引申。「六天」代表儒教,而周朝禮制是儒教的現實源頭,所以民間道派為鬼官起一個象徵周朝的名字「酆」。這樣既承認了儒教控制世俗必死之民的權力,又抬高了以修煉不死之道為目標的道派的地位。創此說者,未必一定是天師道中人,但很可能與天師道有關。上清派將此說加工發揮以後,便為各民間黃老道派普遍接受,在南北朝道教的地獄觀中佔了主導地位。

　　中國傳統觀念中本無「地獄」一詞,這是漢末傳入的佛教詞語。佛教主張「六道輪迴」說,認為眾生在死後有六種輪迴轉世的趨向,即轉生為地獄、餓鬼、畜生、人、阿修羅或天,其中地獄被看作最苦最劣的惡報,「地獄」在梵語中原意本為「苦器」、「可厭」、「不自在」、「無有」,漢譯改用了「獄」字,更突出了人死後入牢獄受刑罰的含義。而漢代人的觀念

中，死亡雖屬不幸，但人去到死後地下世界並不必然受苦，
那裡和地上人間一樣有官府、有戶籍，亡靈過著與世人相似
的生活。楊許所傳羅酆山六天宮仍不是地獄，但其中為宗教
威懾作用所需的懲罰色彩已經比較突出了。而且《真誥》別
處已出現了「地獄」的概念，卷三記所謂太虛真人詩中有「種
罪天羅上，受毒地獄下」之句。南北朝道教將地獄納為基本
概念以後，羅酆山也就成為道教早期的主要地獄所在了。

　　楊許上清派對天師道有所肯定，但又有所批評。《真誥》
卷二記所謂「清虛真人授書」說：

　　　黃赤之道，混氣之法，是張陵受教施化為種子之一
　　　術耳，非真人之事也。吾數見行此而絕種，未見種
　　　此而得生矣。百萬之中，莫不盡被考罰者矣，千萬
　　　之中誤有一人得之，得之遠，至於不死耳。張陵承
　　　此以教世人耳，陵之變舉，亦不行此矣。

　　　（所謂「黃赤之道，混氣之法」，不過是張陵在執行教
　　　化使命的過程中，試圖播撒教徒種子的一種方術，這並
　　　不是真人的做法。我屢次見到因為實行這種方術而絕種
　　　的，卻沒有見到誰這樣播種而獲得生命的。百萬人參與
　　　實踐，也沒有一個不受到神靈的審查和處罰。千萬人參
　　　與實踐，才可能偶然有一個取得成效；最大的成效，也
　　　不過長生不死而已。張陵起初學了這一套去教世人，後
　　　來他有所改變，也不再這樣做了。）

　　這個黃赤混氣道法，就是「男女合氣之術」，屬於「房中術」，也就是男女交接之道。黃赤之道遭到正統人士的詬病。上清派則肯定其中陰陽和合的原則，但反對其肉慾形式，而追求浪漫高雅的情趣。《真誥》記紫微夫人和南嶽夫人將高貴美麗的女仙「紫清上宮九華安妃」介紹給楊羲作配偶，南嶽夫人指示他：

> 蓋示有偶對之名，定內外之職而已，不必苟循世中之弊穢，而行淫濁之下迹矣。偶靈妃以接景。聘貴真之少女，於爾親交，亦大有進業之益得，而無傷絕之慮耳。（卷一）
> （這只是表示你們有了配偶的名義，確定了男女分主內外的不同職責而已，不必要隨便遵循人世間汙濁有害的慣例，去做骯髒不雅的下流行為。讓你和高貴的女仙配合以交流陰陽，把仙界名門的少女聘到你身邊親密交往，對你修行的進步有極大的好處，而絕對無需顧慮受到損害。）

　　這裡提倡的是一種充滿精神交流但沒有肉體上的性生活的婚姻。於是我們看到，《真誥》展現了一段朦朧美麗的人神之間精神戀愛的故事，後世不少文人才子為之遐思不已。

　　但是這種精神戀愛雖然動人，卻不適於在群眾性的宗教

運動中推廣。一般凡人之間很難體會這種精神之戀，而且這種精神戀愛仍屬「男女之想」，容易引人想入非非，不利於徹底克服黃赤之道的流弊。因而楊羲的下意識中也只把這作為有仙緣的雅士的專利，而對群眾則另有一套說教。《真誥》記所謂「裴君言」曰：

　　夫真者都無情欲之感，男女之想也。（卷六）

上清經法提倡一種在個人體內混合陰陽二氣的方法，即存想下丹田之神「桃康」，並說：

　　如此亦成仙人，可不煩男女還補之術也。（《皇天上清金闕帝君靈書紫文上經》）

這樣，上清派不但否定了男女肉慾，而且反對了肉慾以外的男女情慾，不但與黃赤之道決裂，而且進一步要與各種房中術都劃清界限。這是向佛教式的禁慾主義靠近了一步。

第三章
七部圓成修靜志

七部，包含「四輔」與「三洞」
陸修靜總括三洞以後，各派逐漸不再只傳習本門經典，
而是兼習三洞，於是原先並立的各派，
變成了同一大派內部的不同層次

第一節 靈寶派的興起

據《真誥‧敘錄》，楊羲曾從魏華存之子劉璞受《靈寶五符》，但後來楊羲與許氏家族合作，集中精力於研修上清經法，對《靈寶經》也不重視，他手寫的《靈寶五符》便落入句容同鄉的葛氏後人之手。這家葛氏的前輩就是當地民間傳說中著名的神仙葛玄。

據《真誥》記載，許謐曾通過楊羲向中茅君請教：「不審左公今何在？又有葛孝先，亦言得道，今在何處？」（卷十一）得到的答覆是：「問葛玄，玄善於變幻而拙於用身，今正得不死而已，非僊人也。初在長山，近入蓋竹，亦能乘虎使鬼，無所不至，但幾於未得受職耳。」「左慈今在小括山，常行來數在此下，尋更受職也。」（卷十二）葛玄被上清派看作是還不夠受仙職資格的準仙人，他的師父左慈也只是一個即將受職的低等仙人。葛許兩家族同鄉同里（句容都鄉吉陽里），都是地方望族，世代互為姻親。葛家早出了與仙道有緣的名人，已為門楣增光。楊許新神學貶抑葛玄的仙人地位，對葛氏族人當然是一個挑戰。於是族中一位後人葛巢甫便起而應戰，憑藉葛玄的聲響，炮製一系列道經，都冠以「靈寶」名號，創建了一種新的宗教信仰。據《真誥‧敘錄》所載，仿冒《上

清經》的宗教投機家王靈期就是因「見葛巢甫造構《靈寶》，風教大行，深所忿嫉，於是詣許丞求授上經。」而葛巢甫則將他所造之經都說成是葛玄得自真人降授。關於仙人向葛玄授經的具體情況，現存道籍中說法不盡相同，大致是說漢末之時有太極真人徐來勒等四真人（或加張道陵為五真人），降於會稽上虞山（或說天台山），將《靈寶經》授與葛玄，並說葛玄當登「太極仙公」之任，太上命徐來勒及太上玄一三真人做葛玄的師保。並說到了孫吳赤烏年間（西元238～244年），葛玄又於天台山將《靈寶經》傳弟子鄭思遠等。

如果說《上清》諸經的產生可能源於下意識的宗教體驗，那麼《靈寶》諸經的產生就相當明顯地屬於有意識地偽託了。自從葛巢甫開頭之後，別的一些人也加入了「造構《靈寶》」的行列。自晉末至劉宋，陸續有《靈寶》新經問世，篇目不少，但它是由不同的人在不同的時間陸續炮製的，難免體例不純，若能作些加工整理，定能使品位得到較大的提升。陸修靜便及時地擔起了這樣的重任。

陸氏為吳地大族高門，陸修靜字元德（西元406～477年），是吳興東遷（今屬浙江湖州）人，祖上陸凱為吳丞相。修靜自幼好學，早就有出世的志向，婚後不久就別床獨處，專心修煉，後來更遺棄妻子，在隱居、雲遊中度日。他對新興的靈寶派特別感興趣，發現《靈寶經》品味不純的問題後，便以高度的自信出手干預。原則上他應當以恢復諸經造自天尊、傳自真人時的原貌為目標，但原貌以何為憑？他實際上只能

依據自己的靈感，在他所見經文的基礎上作創造性的加工，他斷定經文已經顛倒錯亂，就必須要作許多糾錯的工作，免不了刪棄增補移換改編。

陸修靜加工整理的結果，據他後來在《太上洞玄靈寶授度儀表》中說到：「今見元始舊經，並仙公所稟，臣據信者，合三十五卷。」陸修靜原非靈寶派嫡系傳人，一生以「總括三洞」為志，不局限於任何一派。據唐代《道教義樞》卷二〈三洞義〉說：「葛巢甫以晉隆安之末，傳道士任延慶、徐靈期之徒，相傳於世，於今不絕。」據唐末李沖昭《南嶽小錄》，徐靈期為南嶽道士，約與陸修靜同時。若論師承，徐才是靈寶派正宗代表，但陸修靜的才華更足以領袖群倫。經他整理以後的《靈寶》經目及其文本，逐漸被公認為權威版本，使靈寶教義雜亂煩猥的局面得到扭轉，陸修靜實際上成為靈寶派的領袖。在這個基礎上，他又為靈寶派的儀式建設投入心力。據說他「所著齋戒儀範百餘卷」（《茅山志》）。後人追述之說未必如實，但可大體反映陸修靜在道教儀式建設上的重要地位。

靈寶教義是以上清教義為基礎發展而成的。《洞玄靈寶玉京山步虛經》載所謂張道陵降示葛玄之頌說到：「《靈寶》及《大洞》，至道真經王，如有《五千文》，高妙等無雙。」《大洞》即《上清大洞真經》，是《上清經》之首，也可作為上清諸經的總稱。可見靈寶派對《上清經》是很推許的。靈寶派在大體上採用《上清經》中關於天界與神靈的新說的基礎上，

又大加增飾。《上清經》通常說九天，晚於《赤書真文》的《靈
寶經》則另創了兩種說法。一是以《度人經》為代表的平面
三十二天說，說是分布四方，每方八天，共三十二天。二是
以《九天生神章經》為代表的立體天說，將天界分為「三天」、
「九天」、「三界」等三級，可以說是將《上清經》與《度人
經》的天界說揉合而成。《三洞珠囊》卷七引宋文明《道德義
淵》曰：「此三十二天則專主人福果，異乎九天及三十六天」，
似乎《度人經》系統的三十二天說和《九天生神章經》系統
的九天說，性質根本不同。一個是表示階位的，一個是表示
生成的。這未必完全符合造經者的本意，但或可代表部分道
教人士的理解。道教立體天界觀中上位三天，起初繼承天師
道「三天」之名，稱「清微」、「禹餘」、「大赤」，後逐漸改而
通稱「玉清」、「上清」、「太清」，就是後來道教常說的「三清」
仙境。

　　晉末劉宋《靈寶》諸經中的眾多神靈與仙人仍然未能形
成清晰的譜系。《上清經》中的先天神靈，在《靈寶經》中基
本上保留，但《靈寶經》中常見「元始天尊」、「太上老君」
之名，可能是《上清經》原本沒有的。《九天生神章經》已出
現三尊神主管三洞經書的說法：「天寶君則大洞之尊神，靈寶
君則洞玄之尊神，神寶君則洞神之尊神。」但這分別主管三洞
經書的尊神在整個宇宙神系中地位如何，仍不分明。「道」作
為標誌絕對者的概念，依然高於一切神性位格。不過在《靈
寶》諸經中，秉自然之氣的元始天尊的至上位置已開始有所

顯露了。原始天尊即《上清經》中所見元始天王的變稱,「天尊」原是魏晉所譯佛經中對釋迦牟尼的尊稱。到了唐代,以元始天尊為首、對應於三清仙境和三洞經書的「三清尊神」便確立為道教的最高神格。

　　葛巢甫造作的《靈寶經》主要是《靈寶赤書五篇真文》(簡稱《赤書真文》)以及為上述「真文」作解說的《靈寶赤書玉訣妙經》。《赤書真文》仍是按《五符經》的五行模式展開,只是將《五符經》中襲用的緯書「五帝」之名改為「五老」,仍按東南中西北五方、青赤黃白玄五色配置;「五老」各掌〈赤書玉篇真文〉一篇,都依託為「元始天尊」所說。《靈寶經》系中採用這種五行模式的經書還有好幾部,當與《赤書真文》大體同時造出,它們大體上停留在漢代的思維水平,與魏晉玄學及佛學的思維深度還有差距。在西晉以來的民間新興宗教運動中,佛教對知識分子的吸引力顯然大於黃老道。漢地佛教思想深邃的碩學大德層出不窮,而黃老道派方面罕有能相匹敵的人才。《靈寶經》系中有些經典可能稍微晚出,其中以《度人經》最為重要。以《度人經》為代表的一大批《靈寶經》,都受晉宋之際大乘經義與戒律的影響,不僅在形式上模仿、甚至整篇抄襲佛經,而且在教義上也吸收佛教,經文中隨處可見三世輪轉、善惡因緣、罪福報應、修功德、奉戒律、檢肅身口心三業、度劫更生、涅槃滅度等等說教。這是華夏黃老道派教義的一個重大變化。《度人經》可以說是《靈寶經》發展成熟的標誌,深受後代道教徒的重

視。

　　道家講「道法自然」，佛教哲學則以「因緣」為本，民間黃老道派素來秉承自然原則。靈寶派大規模吸納「因緣」、「輪迴」、「業報」、「三世」之說，標誌著華夏道教教義的重大轉折。一則因緣觀將人的形體視為一種有條件的暫時的存在，就破除了追求肉體長生的執著。二則是業報輪迴之說對集體責任觀念有消解作用。華夏傳統文化也講人要承受自己行為的後果，《易•坤•文言》曰：「積善之家必有餘慶，積不善之家必有餘殃。」《太平經》中的「承負」就表示不善餘殃之意。但是這種行為後果針對的是家族，而不是個人。佛教輪迴觀念則使家族血緣關係的神聖性和恆久性受到衝擊，促使倫理責任個人化，也促使個人宗教感情內在化，強調修心性。

　　漢代民間黃老道派以改造整個社會為己任。碰壁之後，逐漸轉向個人解脫，上清派就是個人解脫傾向的典型代表。但上清派過於傾向獨善，脫離群眾，很難發展壯大。靈寶派受大乘佛教影響，遂以無量度人為宗旨，以方便易行為準則。他們把上清等派看作小乘，而自視為大乘，向入世的方向回歸。《太上洞玄靈寶本行因緣經》說，葛玄於赤烏三年（西元240年）在勞盛山向地仙道士33人解釋他們未得天仙的原因，是因為他們「前世學道受經，少作善功，唯欲度身，不念度人；唯自求道，不念人得道」，而自己因為志行大乘，所以得為太極左仙公。《太極左仙公請問經》卷上（現存於敦煌文書中）託為老子曰：「隨俗教化，大乘之業矣，非上士弗能奉也。」

又說:「清齋誦經,修德立行,仙道亦自成,何必藏山藪也?」

　　《靈寶經》大規模地借用佛教內容來充實自己,有效地提高了思維水平,深化了終極目標,使靈寶派在南方宗教競爭中迅速嶄露頭角,很快就「風教大行」。但是對佛教的借用也不是越多越好,如果全盤佛化,不能保持自身賴以獨立存在的特色,也就等於自投絕路。事實上,《靈寶經》中始終保持了一個黃老道思想核心,有效地抗拒了佛教思想的侵蝕,其中包括元氣化生的觀念、人可長生的觀念、祕傳道術的觀念等。多數《靈寶經》的態度仍是儘量將輪迴業報思想與承負說融合起來,以免危及華夏道教賴以生存的中國傳統社會固有的宗族倫理。

　　靈寶派有了獨特的教義,還需要借助於適當的儀式加以表現。儀式是宗教意識對社會廣大群眾發生影響的中介,靈寶派以無量度人為宗旨,就不能不重視儀式建設。上古以來流傳民間的宗教崇拜儀式,是以物質奉獻為主的祭祀。漢末民間黃老道派反對祭祀的利賂性質和鋪張浪費的形式,但事實上不可能完全廢除祭祀,魏晉天師道便把血食之祭改為蔬果精修之儀,名之為「醮」,加強了儀式中的精神內容。北魏寇謙之組建新道教時,又突出「齋」儀在修仙中的意義,齋的本義就是淨化心靈,與物質獻祭可以完全無關。就在寇謙之醞釀其宗教方案的前後,《靈寶經》也在南方陸續出世。葛巢甫等人與寇謙之一樣,也有鑑於社會秩序整合的大勢,認識到作為邊緣勢力的民間道派能不能實現向中心位移,很大

程度上取決於能不能具備適當的行為規範和精神素質。因而他們不約而同，也強調齋儀的意義。經過陸修靜加工整理以後，靈寶派更加以齋儀的豐富完備見長，這對靈寶派動員群眾很有幫助。陸修靜領導的靈寶派比天師道高雅脫俗，又比上清派更有動員和組織群眾的能力，從而成為南朝新道教的核心。

第二節　三洞與陸修靜的改革

以天師道為代表的民間黃老道派雖然得到魏晉統治者的寬容，但畢竟沒有正式取得合法地位。自從後趙石虎明令崇佛以後，後秦、北魏、東晉、劉宋相繼建立僧官制度，佛教便率先衝破了儒教社會的思想與政治的一統性，從官方正式取得合法地位。這樣一來，華夏道派的地位就更見窘迫，必須急起直追。從寇謙之下山往平城獻書（西元423年），到魏太武帝親受道教符籙（西元442年），北方道教取得了巨大成功，這對南方有志於創建華夏道教的人士無疑是一個巨大的鼓舞和啟發。正像寇謙之將他的《籙圖真經》的出世與北魏政權的命運聯繫起來一樣，陸修靜作〈靈寶經目序〉時，將《靈寶經》的出世與劉宋政權的命運聯繫起來，其中說道：

按經言承唐之後四十六丁亥，其間先後庚子之年，
妖子續黨於禹口，亂群填屍於越川，強臣稱霸，弱
主西播。龍精之後，續祚之君，罷除偽主，退剪逆
民。眾道勢訖，此經當行，推數考實，莫不信然。
期運既至，大法方隆，但經始興，未盡顯行，十部
舊目，出者三分。雖玄蘊未傾，然法輪已遍於八方，
自非時交運會，孰能若斯之盛哉！

（查得道經上說過，悠遠的「承唐」年號以後，經過四
十六次丁亥年，在最後那個丁亥年前後的一個庚子之
年，人們將會看到：邪惡的人在禹口那地方糾集餘黨，
暴亂者的屍體充斥在越川之中，強悍的權臣稱霸政壇，
衰弱的君主逃奔西方。一位龍精的後代，命定要成為繼
承統治權的君主，他罷除了僭位的偽君主，打敗和消滅
了叛逆的隊伍。這時候，原有的各種道派都將走向消亡，
而《靈寶經》在世上流行的時機也就到了。我們推算運
數，再考察事實，果然沒有不符合的。期運已經到了，
大法即將興隆，但是《靈寶經》剛剛開始問世，它的文
本還沒有完全顯露，最初在天界成書的十部舊目，只有
十分之三已經出現於人世。雖然它的深奧內容還有待繼
續展現，但是《靈寶》道法像車輪輾轉一般，已經轉遍
四面八方。如果不是時運交會，怎麼能夠有這樣興旺的
局面啊！）

這段文字含含糊糊，而又能留給人許多聯想的線索，這正是一切神祕預言的特徵。陸修靜所謂的這段「經言」，明顯地將晉宋之際的歷史事件與以前道經中的預言相牽合。「禹口」、「越川」兩句，顯然指西元399～402年由天師道首領孫恩發動的叛亂，而西元400年恰為庚子年。「強臣」指西元404年逼晉安帝禪位的桓玄，「弱主」指一度被桓玄挾持到江陵的晉安帝，「龍精之後」16字指劉裕先後打敗桓玄和盧循（孫恩同黨）平定晉末之亂。這樣，陸修靜既為劉宋代晉塗上神聖的色彩，又為《靈寶經》大作鼓吹。據《道學傳》（《三洞珠囊》卷一引），陸修靜也曾爭取到了宋文帝的召見。但宋文帝以精於佛法著名，對建構新道教不像魏太武帝那樣熱情。元嘉三十年（西元453年）文帝遇害，朝政大亂，陸修靜不得不離開京師。此後劉宋政治日趨腐朽，修靜只好在廬山隱居不出。

但北魏道教的合法化也不能不促使劉宋朝廷對南方民間道派多加注意。據《真誥·敘錄》，許黃民所遺楊許上清系經、誥寫本保存於剡縣馬家，至廢帝劉子業景和元年（西元465年），「嘉興殳季真啟敕封取」，所得一部分「以呈景和，於華林暫開，仍以付後堂道士」。「華林」即華林園，是六朝皇家宮苑，「後堂」即華林園後堂。這樣看來，《上清經》的流傳已引起皇帝關注，而且當時華林園中已養有御用的「後堂道士」。後來宋明帝召致道士陸修靜等，也都曾令住華林園後堂，看來該後堂可能已有常設的道士活動站點，這可能是民間道

教合法化的前奏，只是有關的詳情尚無資料可考。

宋末政局愈亂，帝室愈欲求助於鬼神和宗教。《道學傳》（《三洞珠囊》卷二引）說：「宋明帝思弘道教，廣求名德。」隱居多年的陸修靜終於應召出山了，也許他感到自己已經60多歲，沒有時間再從容選擇明主了吧。據上引《道學傳》下文說：泰始三年（西元467年）三月，宋明帝便下詔給江州刺史王景宗，命他以禮敦勸，安排陸修靜先生動身下京師。陸先生以有病為由一再推辭。詔書接連發出。仍然沒有能把陸修靜請到，使得宋明帝欽佩和嚮慕的心情更加迫切，於是絡繹不絕地派遣使臣，非要把陸先生請來不可。陸先生這才說道：「主上聰明，竟然看上了我這遠方無能之輩，使我萬分慚愧。想一想老子也曾經擔任王官輔佐周室，葛仙公也曾經輔佐吳朝。他們都是得道高真，猶且委屈自己，我算得什麼，就非得獨善其身嗎！」於是就應允了。到了京都，朝廷按皇帝旨意安排他住華林園後堂，他不樂意，才安排到客房暫住。宋明帝命司徒建安王劉休仁、尚書令袁粲在佛寺舉辦隆重的大會，廣集各界精英，向陸修靜展開詰難。陸先生用清晰的思路和簡鍊的語言化解疑難，挫敗論敵的銳氣，使得大家非常佩服。宋明帝接到報告以後，很快又在華林園組織了一場大型的宣講會，皇帝親臨現場。陸先生頭戴隱士的鹿巾，向皇帝行禮以後就升上了講席。皇帝肅然起敬，親自提問，諸求終極之理。陸先生的精妙演講又使得宋明帝心悅誠服。朝廷準備「要之以榮」，就是讓他做官，陸先生絲毫不感興趣。

宋明帝便在北郊建了一座道觀，取名「崇虛觀」，讓陸修靜掌管。陸先生便在崇虛館大開法門，經營道教，引起了天下朝野道俗人士的普遍注意，逐漸贏得廣泛的尊崇。

當宋明帝安排陸住華林後堂時，陸「不樂」，似乎意在表明不願維持朝廷與民間道派現有的低規格關係，希望有所提升。經過兩場高規格的道學辯論會，陸修靜舌戰儒釋，贏得明帝刮目相看。朝廷又想讓他做官，這還是帝王畜養人才的常例。陸堅持不受，這就嚴守了「方外」與「方內」之別，有利於保持純宗教立場，避免世俗禮法的過分拘束。朝廷為他在首都建立活動基地——崇虛觀，相當於北魏為寇謙之營建崇虛寺，可以作為道教在南朝正式確立合法地位的標誌。從此，南朝各華夏道派就以陸修靜及其崇虛觀為中心，逐漸聚合為一個統一的新道教。

東晉以來，華夏民間道派已逐漸形成與佛教相抗衡的共同的「道教」心理，但要建立統一的道教實體，就還需要進一步對各派不同的經典、教義作出某種統一的解釋，並相應地對各派地位作統籌安排。漢地佛教當時已開始流行的「判教」，正好可供參照。陸修靜早有統一華夏黃老道派的志向，因而一向對各派經典都注意蒐求研討。他在《靈寶經目序》中，就自稱「三洞弟子」，不肯僅僅作靈寶派。宋明帝召他入都以後，也把他看作道教各派的總代表。他坐鎮崇虛觀以後，更有了整理道教經籍的優越條件。於是他編撰了道教史上第一部經籍目錄專書:《三洞經書目錄》,「總括三洞，為世宗師」

《玄品錄》）。

「三洞」的「洞」，就是「通」的意思。「三」是古代中國人習用的神祕數位。陸修靜不拘泥於靈寶派的小圈子，對各派道經作了統一的評判。他直接闡述其判教體系的材料，我們已經見不到了，但我們可以從他在《洞玄靈寶五感文》中列舉的「九等齋十二法」看出一些端緒。該文將各派齋法排成了一個等級序列，排在最上等的是：「洞真上清之齋有二法，其一法絕群離偶，無為無緣，……其二法孤影夷豁。」其次為「洞玄靈寶之齋，有九法，以有為為宗。」這裡的靈寶之齋有為九法，實際上包括了靈寶、三皇、正一等派的齋法，其中第一至第六法是嚴格意義的靈寶齋法，以下是：「其七法洞神三皇之齋」，「其八法太一之齋」，「其九法指教之齋」。指教齋顯然是天師道齋法，太一齋似乎也與天師道有關。靈寶之齋有為九法之後，還有一種「三元塗炭之齋」，顯然也是天師道齋法。由此可見，在陸修靜的判教體系中，上清號為洞真，地位最高，顯然已不再被視為「小乘」；次為靈寶，號為洞玄；再次為三皇（附於靈寶名下），號為洞神；天師道經法地位最低。

《五感文》中反映的未必是陸修靜最後定型的判教思想，但已大體與後來道教中公認的「三洞」體系基本一致。後來道教公認的「三洞」指：「第一洞真，第二洞玄，第三洞神」（《雲笈七籤》卷六引《道門大論》）。據說，洞真的「真」，是指「靈祕不雜」的意思；洞玄的「玄」，是指「生天立地，

功用不滯」的意思；洞神的「神」，是指「召制鬼神，其功不測」的意思；它們共有的「洞」字，則是指「此三法皆能通凡入聖，同契大乘」的意思（同上引《本際經》）。在陸氏這個三洞體系中，老子《道德經》與天師道經法不知如何排列，《道德經》或許納入洞真或洞玄之中，其餘天師道經法則很有可能附於洞神之後。

　　天師道的群眾基礎為東晉新興道派所不及，因而陸修靜對天師道也相當重視。《道藏》現存有陸修靜作的《道門科略》一卷，闡述了張天師所傳正一盟威之道及其制度儀軌，企圖對天師道科律廢弛的現狀加以整頓。這可能反映了陸修靜早年的思想，而他在晚年總括三洞時的做法，已經與作《道門科略》時的設想大不相同了。因為事實越來越證明，天師道的集權主義教團體制已不能適應社會需要，「立治置職」以「編戶著籍」，正是寇謙之在北方廢除的「租半錢稅」之制，其瓦解已不可避免。而在南方自晉宋之際起，民間道派在組織形式上出現了具有重要意義的變化，這就是道館制度的興起。道館與佛教寺院類似，是更為成熟的宗教組織形式。道館源於神仙道士出家隱修的精舍，晉宋之際已有一些道館獲得統治階級的支援，其中的上層道士成為與佛教寺院上層僧侶類似的宗教界地主階級的成員。陸修靜本人隱居廬山時，就建了一所規模不小的「太虛觀」。

　　《道門科略》中的制度，還是有適合新道教需要的，就是籙位與官品制：

> 科教云：民有三勤為一功，三功為一德。民有三德，
> 則與凡異，聽得署籙。受籙之後，須有功更遷，從
> 〈十將軍籙〉階至〈百五十〉。若籙吏中有忠良質樸，
> 小心畏懼，好道翹勤，溫故知新，堪任宣化，可署
> 散氣道士。若散氣中有能清修者，可遷別治職任……

　　這一種籙位制及與之相配合的道官品級升遷制，可以維持一種等級秩序，並促使道徒上進。在領戶化民的治籍體制中，道官品級含有行政權力，而在治籍體制廢除之後，道官與籙位原都只是一種榮譽等級的標誌，正好可以與判教體系相配合。陸修靜將原來漫無統緒因而互有衝突的各道派、道經納入他的判教體系以後，便構成了一個等級秩序，各派自有其位，互相配合，共同形成通向「道」的最高境界的階梯，因而就從理論上消除了各派的獨立意義。再配上天師道首創的籙位官品升遷制，把這種品級制擴大到所有層次，按照教相判釋的排列秩序形成貫穿各派的統一的升遷階梯，那就不僅能保障各派素質共同提高，而且也就從體制上消除了各派的壁壘。陸修靜未必達成了新道教組織上的統一指揮，但說他締造了一個具有統一的教義和組織模式的新道教，應該是沒有問題的。與北朝道教依靠政治權力捏合的效果相比，南朝道教依靠判教及相應的籙位制所達到的統一，效果要牢靠得多。

　　陸修靜於元徽五年（西元477年）去世，其時政局動盪不
已，劉宋敗亡的趨向已非常明顯。被稱為陸修靜門下「最著
稱首」（《雲笈七籤》卷五《真系》）的大弟子孫遊岳（西元399
～489年）便返回從前隱居的縉雲山。崇虛觀作為劉宋道教中
樞機構的地位仍然維持著，《上清道類事相》卷一引《道學傳》
記載：「劉法先為館主，封國師」；《太平御覽》卷六七九引《三
洞珠囊》也說：「帝先師陸元德，元德卒，又師事法先，盡北
面之禮。」西元479年蕭齊代宋，崇虛觀再不見於任何記載，
似乎隨著宋朝的滅亡而廢棄了。但可能蕭齊朝廷仍然念及陸
修靜的威望，便於永明二年（西元484年）召回年事已高的孫
遊岳，「詔以代師，並任主興世館。於是蒐奇之士，知襲教有
宗，若鳳萃於桐，萬禽爭赴矣」（《真系》）。於是孫遊岳主持
的興世館成為齊朝道教的中樞機構。但不幾年孫遊岳去世，
興世館還有誰人主事，就於史無徵了。陸修靜、孫遊岳被後
來的茅山上清宗推為繼馬罕之後的第七、第八代宗師。

第三節　四輔與七部判教體系

　　所謂「四輔」，指的是為「三洞」起補充和輔助作用的四
類道書，即《太平經》類、《太清經》類、《太玄經》類和《正
一經》類。南宋金允中《上清靈寶大法·總序》說：「宋簡寂

先生陸修靜分三洞之源，立四輔之目，述科定制，漸見端緒。」
他把「三洞」和「四輔」兩個概念的確立都歸功於陸修靜。
但從現有的資料中，我們找不到陸修靜與四輔直接相關的具
體材料。

　　「三洞」與「四輔」合為「七部」。據《道教義樞》卷二
〈三洞義〉，孟法師《玉緯七部經書目》已採用七部分類法。
三洞四輔作為道經的分類，含有區分等級高下的意義，實際
是一種教相判釋體系。三洞恰可對應於晉代江南非天師道的
三個本土民間道派，但是自從陸修靜總括三洞以後，各派逐
漸不再只傳習本門經典，而是兼習三洞，於是原先並立的各
派，變成了同一大派內部的不同層次。因而七部體系中的四
輔，也就不再代表特定的道派。

　　《太平經》從前代表的太平道，已於漢末消亡，其後長
期有經典而無派別組織。

　　《太清經》講金丹術，此術的具體操作僅在個別道士之
間祕傳，也不成其為一個專門的道派組織。南朝道教統一以
前，這類煉丹道士可能各派都有，事實上除了專講煉丹的《太
清經》以外，其他各派經典中也往往有談及丹法的內容；南
朝道教統一以後，對實證性的煉丹技術已不甚重視，丹經往
往只是備而不用，一般道士恐怕也並不研習。

　　《太玄經》系統以《老子》為主導。《老子》原是天師道
的必修經典，上清派也相當重視。如《真誥》卷九引太極真
人云：「讀《道德經》五千文萬遍，則雲駕來迎。萬遍畢未去

者，一月二讀之耳，須雲駕至而去。」靈寶派推崇更甚，如《太極真人敷靈寶齋戒威儀諸經要訣》曰：「《五千文》仙人傳授之科，素與《靈寶》同限。高才至士好諷頌求自然飛仙之道者，具法信紋繒五千尺，與《靈寶》一時於名山峰受之。」《老子》既然是幾派共同尊奉的經典，所以《太玄經》也不代表南朝道教統一前的某一道派。

只有《正一經》是與原天師道相對應的。在陸修靜身後存在的道教三洞體系中，天師道經法沒有正式的地位。《雲笈七籤》卷四〈三皇經法〉中說：

> 聖道淵邃，難可頓悟，必須階漸以發其蒙。未顯大法，先教廚食章書雜法黃赤之道，雜化淺近以應，遇情信伏。能修雜法，名為奉道，既能奉道，則能舍離魔俗之法，漸漸調伏，而後教以靈寶。既信靈寶，便求為道士；既為道士，便宜受持一百八十大戒，二百四十威儀，修行六通，能遣六塵四十五念，十二上願，十二可從，一切法行，皆能受持。研心宗極，洞體道真，洞然玄悟，以得神仙，從此而修，終會無為。當知章廚雜化為漸導之義，雖名奉道，未識正理，惟體識君子，宜裁之焉。
> （神聖的道博大精深，難以一下子領悟，必須逐漸展開，才能引導人們逐漸解除蒙昧。對於剛開始學道的人，先不能傳授大法，而應該先教廚食、章書等等雜法與黃赤

之道。用這些雜法教化，是對信徒的需要作出淺顯親切的回應，容易打動信徒的感情，讓他們相信和服從。能修雜法，就可以叫做奉道了；既然能奉道，也就能逐漸疏遠和拋棄魔俗之法，漸漸得到改造，然後就可以給他們傳授靈寶大法。如果相信靈寶之道，他們便會要求成為道士；如果成為道士，就應該接受和實行一百八十大戒，二百四十威儀，修行六通之術，能從心中排遣六塵四十五念，並且能夠接受和實行十二上願，十二可從，一切經法與修行，都能受戒修持。進一步還能夠鑽研心性，以至高無上的道為目標。透徹體認道的實質，豁然開朗地達到徹底解悟，從而成為神仙，再繼續修煉下去，最終就會達到無為境界。所以應當知道，章廚雜化的意義在於逐漸引導，雖然也可以稱為奉道，但是還不能算做認識正理。希望有機會有見識的君子，能夠正確地把握。）

所謂「廚食」，指的是道徒設飯局款待道友的一種儀式性集體活動；所謂「章書」，指的是道士在齋醮活動中上報神靈的文書，也可指為上章而舉行的儀式。廚食、章書和黃赤之道一樣，都是天師道的內容。這篇《三皇經法》作者不明，從內容判斷，當出於南朝。由這篇《三皇經法》看來，陸修靜之後的道教可能是把天師道作為自己的周邊附屬部分，認為正一經法只是入門前的預備階段，還不算「正理」，天師道

徒不算「道士」，要信了靈寶才會「求為道士」。這裡的「道士」似乎必須以出家為前提。古代道士本指方術之士，不一定是脫離家庭的。上清派提倡清修，不過二許仍可保持家庭夫婦生活。但是靈寶派全方位地學習佛教，所以可能仿行了佛教出家之制。陸修靜顯然是出家的。南朝新道教推行的道館制度，以佛寺為榜樣，官方也把給予佛寺的免賦役的特權及布施供養的待遇，同樣給予道館，則館中道士仿效佛寺比丘，以出家為正規，也就是很自然的了。天師道本來不出家，所以不能馬上進入新道教的正式隊伍。

　　但天師道畢竟有強大的經法傳統和深厚的群眾基礎，過分貶抑這一經法，是不利於新道教的發展的。《道藏》今存《正一論》一卷，沒有標明作者，但《南齊書·顧歡傳》中講到孟景翼作《正一論》，大約就是它了。該論強調聖人立教化用不一，各有所宜，「博施於民而能濟眾者，豈曰無功，蓋亦從物情而成業者耳」，主張既不以靈寶而廢正一，也不因正一而廢靈寶，並且不贊成稱正一齋儀為「小乘之法」。《正一論》顯然是要為被「三洞」體系擯於道教門外而置於附屬地位的天師道經法爭一個正式入門的平等地位。《正一論》的這種主張，在南朝後期道教實行的三洞四輔七部體制中基本上變成了現實。

第四章
三朝造就隱居名

隱逸，是古代中華知識精英的一種傳統，
是他們為了一定的理想，
以退出的方式，對現存社會制度的一種抗拒
隱居的陶弘景，卻因與梁武帝之間的密切聯繫，
使他有個「山中宰相」的稱號

第一節 政治風霜使心寒

　　陸修靜之後，南朝道教最重要的代表人物當推陶弘景（西元456～536年）。陸修靜以茅山仙道傳統為主要文化資源締造了南方新道教，陶弘景則把南方新道教的重心從京都轉移到茅山，進一步加工提煉。茅山成為道教名山，主要是陶弘景的功勞。

　　陶弘景的祖籍就在丹陽郡秣陵縣（今江蘇南京），東南距茅山只有幾十公里。他的祖上曾經累世在孫吳和晉朝擔任刺史。晉代是門閥制度定型的時代，按照九品官人法，家族士人經常被中正評為人品二品並反覆充任不低於官品五品職位，這個家族就是高門。當時刺史為四品或五品。所以，至遲到東晉，丹陽陶氏家族的主系已經是穩定的高門了。

　　但是陶弘景的六世祖陶謨，因為受府主王敦造反的連累，遭到禁錮（不許做官）的處分。他的兒子陶毗終身沒有做官，孫子陶興公做到縣令，只有七品或六品，可見丹陽陶氏的陶謨一系已經下降為次等士族了。陶興公的兒子就是陶弘景的祖父陶隆，在劉宋皇室內亂中以軍功封晉安侯，晚年監郡，已是五品，這就為他的家族重新點燃了從次門升入高門的希望。陶隆重返官場不久，就於大明五年（西元461年）去世了，

沒有留下多少財產，他的兒子陶貞寶還沒有做官，但是他本人才兼文武，已經得到了不少貴人名士的欣賞，又養了一個聰慧過人的兒子陶弘景，因此對家族的前途還是有理由充滿希望的。

陶弘景從小受到父親的精心呵護，在父親的引導下走進了京師上流社會交際圈，從而在劉宋末年政治舞臺上見證了一系列的腥風血雨風霜擊打，並且親自參加了一場反擊蕭道成篡宋的以命相搏的政變，以這場政治暴風雨作為洗禮，步入了成人時期。

起先，陶貞寶有意結交權貴，接受了宗室大臣劉秉的庇護。泰豫元年（西元472年）四月，三十四歲的宋明帝駕崩，袁粲、褚淵、劉勔、蔡興宗、沈攸之五人受顧命，輔佐十歲的太子劉昱（史稱後廢帝）即位。同年七月，劉秉從南徐州刺史調任郢州刺史。陶貞寶被任命為孝昌相，去了郢州江夏郡孝昌國，把陶弘景留在建康，托劉秉加以關照。元徽二年（西元474年）劉秉被加授丹陽尹之職。陶弘景大概在他門下充任一名隨員，主要任務，就是陪伴劉秉的喜好文籍的兒子劉俁尋章摘句。

元徽二年，坐鎮江州的宗王劉休範起兵造反，殺奔京都，中領軍劉勔在秦淮河邊戰死。其他顧命大臣中，蔡興宗已去世，沈攸之遠在荊州，袁粲、褚淵是不懂軍事的文士，滿朝文武惶恐無計之時，次等士族出身的將軍蕭道成毅然擔起責任，主持抗敵。他迅速平定了叛亂，隨即與高門出身的袁粲、

褚淵以及皇族劉秉共主朝政，每日輪流入值決事，號為「四貴」。元徽四年，陶貞寶奉命出使外國。這應該是他顯示才能、謀求升遷的好機會。可惜就在陶貞寶作為使臣動身後的大半年裡，劉宋政治舞臺上發生了大事變。

後廢帝劉昱暴虐無道，大失人心。元徽五年（西元477年）七月，蕭道成的黨羽乘機謀殺了劉昱；次日蕭道成召集四貴會議，遂以太后名義，頒令列舉劉昱的罪惡，迎明帝第三子、年僅九歲的安成王劉準登上帝位，改年號為昇明。蕭道成率部鎮守東府城，袁粲則出鎮石頭城，宮城、東府、石頭三城形成犄角之勢。當時蕭道成專權之勢已成，篡奪皇位的趨勢已相當明顯。京中朝臣政治態度開始分化，一些人自覺投靠蕭道成，其中有四貴中的褚淵，還有出身一流高門的吏部郎王儉。另一些人則開始結成反蕭的小集團，四貴中的另外兩位自然成為他們的核心，其中袁粲以資歷成為當然的領袖。昇明元年（西元477年）陶貞寶回到建康，就在他遞交了報告、等候進一步的指示時，新的政治地震又爆發了。

其時元老功臣沈攸之坐鎮荊州多年，積財養士，擁兵十萬，他對蕭道成專權也極為不滿。昇明元年臘月丁巳（初八），沈攸之自稱奉太后密詔，起兵東進，欲取建康。蕭道成很快得到消息，開始備戰。當月十八他入守朝堂，留次子蕭嶷鎮東府，十九日京師內外實行戒嚴，二十日調兵遣將，以黃回為平西將軍，督領諸軍前鋒進討。這期間蕭道成曾親自到石頭城去拜訪袁粲，但是袁粲擔心自己會被蕭道成以「主幼時

艱」的理由拉進臺城，失去人身自由，於是稱病不見。這難
免增加蕭道成的疑心。於是蕭道成派兵守衛石頭山，說是幫
助袁粲守城，實際上是提防袁粲的異動；又派心腹王敬則參
與宮禁宿衛。這時反蕭小集團的劉韞、卜伯興掌握著宮禁宿
衛兵權，黃回率兵駐在京師西南江邊的新亭，尚未出發，王
蘊奉蕭道成的命令正在募兵。袁粲計劃假傳太后旨意，讓劉
韞、卜伯興於臘月壬申（二十三日）晚上率領宿衛兵進攻朝
堂中的蕭道成，讓劉秉等人當晚往石頭城會合，次日早上一
同起兵，同時黃回率大軍殺回朝堂，內外接應。

　　這年五十七歲的袁粲是個典型的高門名士，一向只喜歡
「獨酌園庭」、「杖策獨遊」、「閒居高臥」（《宋書・袁粲傳》），
沒有籌劃和指揮大事的能力。不料劉秉也不是一個幹大事的
人。他雖然久歷官場，卻都是一帆風順，依靠的是宗室的身
分和自我約束的操守，加上常規性的才能，根本沒有在緊急
關頭沉著應變的能力；約定行動的當天，劉秉又緊張又激動。
他擔心蕭道成早就對自己不懷好意，而自己府邸所在的丹陽
郡城緊靠蕭道成經營的東府城，越想越覺得處境危險，就越
來越煩躁不安，難以克制，下午就早早地叫全家老小收拾行
李，早早用飯，不等天黑，就率領部曲共數百名，用車載著
婦女，急急忙忙趕奔石頭城。已經追隨劉秉門下好幾年的陶
弘景，也在這支隊伍中。

　　戒嚴之際，這樣一支大隊伍行色匆匆穿越市街，不能不
引人注意，於是丹陽郡丞很快就作為緊急事變向朝廷報告，

秣陵、建康兩個縣令也分別向蕭道成密報。蕭道成首先想到劉秉的族兄劉韞身為中領軍，就是宮禁宿衛部隊的總司令，可能是密謀行動的關鍵，於是立即命王敬則解決劉韞，同時向石頭城加派精兵，進攻袁粲。王敬則機敏幹練，久歷軍陣，而劉韞、卜伯興都缺乏臨戰經驗，他們雖然已經全副武裝，作好戰鬥準備，還是都被王敬則輕而易舉地殺掉了。

　　可能按袁粲本來的設想，宮禁宿衛軍的將帥都已參加反蕭密謀，蕭道成住進朝堂就等於成了甕中之鱉，劉韞等當晚應該有成功的把握，因此自己當晚可以從容布置，第二天早上出來高張義旗，收拾局面，有黃回的大軍做後盾，不難解決蕭道成的殘餘勢力。不料劉秉早早席捲出奔，暴露了機密。袁粲見到劉秉，大吃一驚，質問：「何遽便來？事今敗矣！」劉秉卻說：「今得見公，萬死亦何恨。」（《宋書·宗室列傳》）這話真讓人哭笑不得。當晚石頭城中一片混亂，面對蕭道成部隊的迅速行動，袁粲、劉秉都拿不出有效的對策。

　　袁粲在混戰中被殺，消息傳開，反蕭部隊士氣大降，石頭城很快被蕭軍攻佔。石頭城的戰鬥鼓噪驚動了新亭大營，黃回率兵前往救援袁粲，走到秦淮河邊，守朱雀桁（朱雀門外浮橋）的軍隊聽從蕭道成指揮，不讓他們通過。這時石頭城失守的消息已到，黃回便宣稱是為援助朝廷平叛而來，然後依舊回到新亭。此後幾天，逃亡在外的劉秉等人相繼被捕處死。蕭道成假裝相信黃回半夜回兵是為了援助自己，仍然讓他統帥大軍西進。直到打敗沈攸之以後，才找機會把黃回

處死了。

陶弘景的文才很受劉秉看重，所以儘管他沒什麼資歷，仍然被推薦進入密謀行動的機要祕書圈子。如果袁粲一派勝利了，起草文告將是頭等大事，陶弘景只要能就此作出成績，將來前途無量。可惜袁粲一派轉眼就失敗了，陶弘景在這次事變中也就還來不及有所作為，談不上功業，也就沒有大不了的罪狀。但是這次事變對他的思想刺激之深，卻是難以估量的。

這是他第一次、也可能是終生最投入的一次參與政治活動。他參加反蕭行動，小而言之，是對恩主劉秉盡門客之義；大而言之，也是維護儒教道統。袁粲一派反蕭保宋，客觀上是合乎聖人道義的。作為飽學才子，陶弘景未必全然不知兩派的力量對比對袁粲不利，更不會全然看不到劉秉驚慌出奔造成的巨大危險，然而他還是積極參加行動，多半還是基於一個熱血青年的道義選擇。然而，合道義者毀滅了，行霸道者卻得逞了。陶弘景能不寒心嗎！他懷著悲憤的心情，甘冒被株連的危險，為了年輕人的純潔友誼，替劉俁兄弟料理了後事，然後就決定跳出紅塵，尋找山林隱居。然而他的父親又把他拉回了紅塵，一來是父命難違，二來年輕人的心也還難於一下子寒透。

陶貞寶當然不會允許自己的寶貝兒子隱居山林。事變當時他也在京中，但他畢竟比兒子老於世故，沒有捲入袁、劉的行動。事後，為了家門的命運，他立即設法為兒子補救。

蕭道成為了安定人心，對事變中追隨袁、劉的一般角色不予追究。這時陶貞寶通過舊交請求讓陶弘景追隨蕭都督，便很容易地辦成了。陶弘景便進入蕭道成的大帳當差，陶貞寶仍然回郢州去，再做一任孝昌相。

蕭道成本人博學多才，對陶弘景這位青年才俊不無愛惜之意，但不等於對他追隨袁、劉的表現完全沒有芥蒂，因此後來始終不曾大用。而此時的劉宋朝廷已是日薄西山，朝不慮夕。陶弘景傷感地看著這個朝廷怎樣被人以華麗的排場送入墳墓，它的無辜的小皇帝怎樣忍受著屈從權勢者的冷漠和趨炎附勢者的傲慢，被它的居心叵測的大臣唱著頌歌牽進血腥的屠場。蕭道成登基後，陶弘景仍舊作為侍從留在宮裡，陪小皇子讀書。建元二年（西元480年），受他輔導的安成王蕭皓已經十三歲，受封冠軍將軍，出鎮石頭城，陶弘景就跟著去了。

建元三年，陶弘景已經二十六歲，仍然事業無成，空有滿腹才學，徒增滿腔抑鬱。這年夏天，遊宦孝昌的父親陶貞寶突然去世，陶弘景開始服喪，並立即趕到郢州去奉迎靈柩，回京師安葬。他父親是被妾謀害而死的，這件事對他刺激很大，使他幾乎完全失去了對婚姻生活的信心，從此終身不娶。如果說袁劉密謀的失敗打擊了陶弘景的政治生活積極性，那麼父親的被害就進一步打擊了他的家庭生活積極性，進一步增長了他的出世情緒。不過，母親現在就全靠他奉養了，因此他的出世情緒還不能化為出家的具體行動。

　　下一年三月，齊高帝蕭道成去世，齊武帝蕭賾繼位，起用陶弘景為振武將軍、宣都王（新皇帝七歲的小阿弟）侍讀，總知記室。陶弘景正在禮制規定的三年（實為二十七個月）服喪期內，他之所以在那時接受宜都王府的職務，恐怕也有迫於生計的因素。「振武將軍」若是朝廷正授，就是四品高官，當時陶弘景不可能如此榮華。他這時得的當是「板授」（即主官以特權授予下屬而不納入朝廷正式編制）的振武將軍。所謂「記室」，就是在高官府署中掌管書記事務的屬官，南朝凡公府、督府皆有記室。陶弘景博學捷才，把這類文字工作完成得很漂亮，但也因此招來不少同行的嫉恨和貶損。

　　這年秋天，陶弘景服喪期滿，朝廷該給他一個正式的任命了。即使他個人討厭官場，但他至少還是需要一份官俸養家糊口。現在，他已經為蕭家服務六年，堪稱忠於所事，品性才學亦為皇上所知，在士林也已小有聲響，自信可以得到一個比較體面的正式官職了。不料任命下來，僅僅是沒有實權的六品左衛殿中將軍。陶弘景不免大失所望。好在這個職務不用再像侍讀時期那樣處理公文，倒也落得瀟灑自在。這時，孫遊岳主持的興世館引起了他的興趣。不過，目前的陶弘景還無法完全捨棄沉甸甸的世俗責任，他向孫遊岳請教符圖經法，還帶有業餘消遣的性質，也並沒有正式拜孫遊岳為師。

　　永明二年（西元484年），齊武帝準備要提拔他一下。不巧，就在這時，陶弘景的母親去世了，他便第二次依照禮制

辭去官職，回家服三年之喪。陶母郝夫人精心佛法，因此不像她的丈夫陶貞寶那樣熱情期望兒子弘景仕途揚名，甚至可能也不在乎世俗的傳宗接代任務，所以才沒有迫使兒子為自己娶一個兒媳。她的佛教信仰，可能也助長了兒子的出世傾向，但陶弘景對父母還是很有感情的，在完成對寡母盡孝送終的義務之前，他不會棄家不顧。蕭賾也許知道他家境窘迫，便像上次一樣在他守喪期間授他一個「振武將軍」的虛銜，並且「特賜酒食省祿」，讓他在宜都王蕭鏗身邊當差。

　　三年服喪期間，陶弘景作為宜都王的府佐常在京口，卻不斷地利用各種機會到京師來，向孫遊岳請教道法。不過，雖然他的神仙思想已經相當牢固，但他滿腹經世治國之才未得施展，畢竟心有不甘，他還是願意有一個了卻父親遺願和證明自身能力的機會。服喪期滿，他三十一歲，回到京都接受朝廷的正式任命，不料皇帝只給了陶弘景一個六品「奉朝請」的閒職。也許蕭賾是對陶弘景的熱心道法印象不佳。陶弘景又一次大失所望，於是更加傾心於道教研究。

第二節　歸隱前奏

　　三十一歲才作奉朝請的陶弘景，這時已經沒有家庭牽掛，出世的決心大概已經確定不移，但他並沒有馬上辭官歸隱。

隱逸，是古代中華知識精英中的一種傳統，是他們為了一定的理想，以退出的方式，對現存社會制度的一種抗拒。陶弘景要想歸隱，加入現成的道教是最方便的辦法，但南朝新道教當時以靈寶齋醮為中心，偏重組織建設，與他的隱居意趣不太一致。道教宗師孫遊岳對這位小自己五十七歲的陶郎，必定十分欣賞，將自己所學傾囊相授，似乎有意讓他繼承教統。但孫遊岳忠實於陸修靜的偏重靈寶派的路線，而陶弘景卻寧願擺脫政治制度的約束。他不想在京師當一個不得不依賴世俗權力的道教首領，而想嘗試真正的隱士味道。

　　但是，隱逸二字，說來簡單，做起來卻是相當複雜的。隱士要爭取滿足精神需求，卻不能不首先應付物質需求的壓力。一旦退隱，是否有不靠國家而能養活自己的能力？是否能在物質生活的沉重壓力下保持精神上的從容閒暇？而且隨著國土開發的深入，「世外桃源」越來越難以存在，因而誰要想穩作隱士，往往需要得到君主的優容，而這又首先需要他積累起一定的聲譽。聲譽是一種資本，有了它，才有穩作隱士的資格，一些名望較高的隱士還可能得到政府物質上的照顧。

　　已有文名的陶弘景除了要下一個隱居的決心，還要周密地盤算各種實際問題，包括適當的隱居地點，可行的生活方式，必要的輔助人手，等等，所以他還不可能很快就行動。他定下心來，進一步積累歸隱的精神資本。當時雖然儒佛道三教並存的格局已經基本形成，但與儒、佛二教相比，道教

在許多方面都明顯落後，特別是在經典及理論方面，問題更為突出。陶弘景作為士林俊才，經典整理和理論闡釋正是他的優勢；作為無所事事的閒散官員，他正好可以紮紮實實地做一些別人難以勝任的基礎工作。於是他首先投入道經整理工作。

　　他對道教經籍作了全面的研讀。覺得有一個突出的問題，就是楊羲、許謐所傳上清經籍的「真本」經過別人摹寫，已經不是原貌。這一年他特地去到上清經法的發源地茅山地區，不但考察了這座名山的形勢，而且找到了「楊許手書真跡」，因此特別興奮。此後一兩年，可能他忙於對這批「真跡」展開深入研究，因此沒有出遊外地。而引導他進入道教的孫遊岳，就在永明七年去世了。下一年他又請假出遊，到浙江一帶去繼續尋訪從許家流散於民間的上清派文獻，並考察沿途名山，與一批散居各地而聲望卓著的道士進行了交流。經過這一系列的研究和考察，他對有關道教的問題已經研究得比較透徹了，並由此在道教界贏得了較高的聲譽，此後便開始考慮辭官隱居的問題。

　　永明九年，陶弘景在給從兄的一封信中，已經明白地表示了近期就要歸隱的決心，信中說：

　　　　昔仕官應以體中打斷，必期四十左右作尚書郎，出
　　　　為浙東一好名縣，粗得山水，便投簪高邁。宿昔之
　　　　志，謂言指掌。今年三十六矣，方作奉朝請，此頭

顧可知矣。不如早去，無自勞辱。（《本起錄》）

　　就是說，自從自己的仕途被兩次服喪打斷以後，他就已經有了遠期歸隱的設想，從而就沒有對官運抱過高的希望，當時設想四十左右能當上尚書郎，然後就可以憑藉這一清要職任的資格，爭取到富饒的浙東地帶去作一任縣官，積累一些經濟實力，再憑藉官品，在當地選佔一塊山林川澤，就有條件隱居了。然而任奉朝請多年，仍未得到升轉，看來外放縣官已沒有什麼希望。那就早點離開官場，另做打算吧！除了品官以外，佛寺道觀佔地佔山享有免賦役的特權，也已成為社會常規；官府特地賞賜個別隱士的事例也不算稀罕。陶弘景看中了茅山，決定在那裡佔山立業，出世隱居。他相信，以自己在文化圈和道教界的名望和面子，已經具有享受這種佔山特權的資格了。這種資格很難明確界定，也未必需要正式宣布，但卻可以相當肯定地感覺到。

　　一切準備就緒以後，陶弘景於永明十年五月直接向皇上上表，要求解官歸隱，齊武帝不但恩准，而且下詔賜帛十匹，燭二十挺，月給上茯苓五斤，白蜜二斗，以供服餌。等到陶弘景出發之日，消息已經傳開，趕來送行的人很多，有的是慕名，有的是好奇，成為轟動一時的盛事。

　　就這樣，朝臣陶弘景消失了，隱士陶弘景閃亮登場。

第三節　茅山避世

　　在當時江南的神仙傳說中，茅山已成為神仙出沒的洞天福地，陶弘景嚮往神仙的逍遙，所以他選中茅山作為隱居地。他相信自己有仙緣，既然住進茅山，不怕不自然到達福地。

　　當時茅山已經是一個頗為熱鬧的民間宗教活動場所。〈稽神樞〉說到：「漢明帝永平二年，詔敕郡縣，修守丹陽句曲真人之廟。」據此則早在西元59年，茅山已經有了專門祭祀三茅君的廟宇。當時道教還沒有形成，所謂仙人的祠廟往往成為巫師的活動基地。陶弘景有注說：那座祭祀三茅君的漢廟仍然在茅山東面的平阿村中，有一個姓尹的女子當廟祝。而在茅山西面，諸村各自都造了祭祀三茅君的廟，大茅山西為吳墟廟，中茅後山上為述墟廟。這些廟每年都進行熱鬧的群眾性祭祀活動，都採用了殺牲獻祭的方式，看來已經屬於西明公管轄，不再是真仙的僚屬了。

　　西明公，就是上清派所謂羅酆地獄鬼官系統六大主管之一。陶弘景認為他所見到的這些以祭祀三茅君為名的祠廟，實際上祭的是鬼官，而不是仙真，採用的是同於巫俗的血祀之法，不符合道教的清約標準。

　　當時道教在茅山也已相當活躍。原來的巫俗化的三茅君

信仰，業已打上了新道教靈寶派的烙印。〈稽神樞〉說到每年三月十八日茅山民間傳統的登山禱祝之會，陶注說：

> 三月十八日，輒公私雲集，車有數百乘，人將四五千，道俗男女，狀如都市之眾。看人唯共登山，作靈寶唱讚，事訖便散，豈復有深誠密契，願覲神真者乎！縱時有至誠一兩人，復患此喧穢，終不能得專心自達。如此抽引乞恩，無因得果矣。

大茅山頂已成為一個重要的道教活動地點。陶注說：

> 今最高處乃多石。每吉日，遠近道士咸登上，燒香禮拜。無復草木，壘石為小壇。昔經有小瓦屋，為風所倒。

但當時大茅山頂還未建立道觀，除了風大以外，恐怕主要是用水不便。〈稽神樞〉說到大茅山下泉水旁可立修道的靜舍，陶注說：到了較近的世代，已經有人來住在這泉水邊。其中只有劉宋初年的一位女道士徐漂女，為廣州刺史陸徽所供養，在洞口前住了好幾年才去世；她的女弟子姓宋，為人高潔，能抗拒鬼物的干擾，在這裡住到年老去世，還葬在山南；宋某的女弟子姓潘，又繼續住在那裡，至今尚在。元徽年間（西元473~477年），有幾個男人也來到這泉水前面住下。

至蕭齊初年，有詔書讓句容人王文清在此建立道館，號為崇
元，於是才開工興建堂宇廟廊，頗具規模。崇元館中通常有
七八名道士，都依靠官方的資俸力役供養。大約最近二十來
年，從遠近各地來了若干男女在廟旁住下，相互扶持，周圍
數里之內，建起了廨舍十餘坊。但是這些人裡面學上道的很
少，一般只是修靈寶齋及章符。……大茅峰東西兩面也都有
澗水，那裡有晉末得道者任敦的住處，還保留著任敦煉丹合
藥的爐竈地基，現在是薛彪等幾個人住在那裡。又有一個朱
法永，住在附近小山上，那裡很適宜眺望風景，但是用水不
方便。

　　〈稽神樞〉說到的崗山伏龍之鄉，陶注推定為鬱崗山，
那裡也有道士住著：

　　　　按今小茅東北一長大山，名大橫山云，本名鬱崗山。
　　　　山即在今所謂伏龍之東，世又呼伏龍地為死蛇崗，
　　　　亦粗有彷彿。又見其長而高，益呼為長隱。隱音於
　　　　覲切，其言可隱障也。此崗山雖多細石，亦可居耳。
　　　　近東南取長史宅，至雷平間，甚有可住處。義興蔣
　　　　員蒭等，今並立田舍於崗下，近去長史宅四五里。

　　可知在陶弘景到來之前，茅山已有不少道士活動，大茅
山南已建有一座得到國家資助的不小的道觀。但陶弘景對當
時的道教評價不高，不願意加入這些道士的行列。他要開創

一片自己的天地。他認為積金嶺條件比較好，便選擇那裡作為住處，先在嶺上結廬為靖室（小修道室），然後在那裡擇地修築華陽館，分上、下兩館，上館供他研究與修煉，下館用來煉丹、治藥。同時還選擇適當的荒野之地營建農田，作自力更生的打算。

陶弘景對這個隱居場所比較滿意，〈稽神樞〉陶注評介積金嶺時說：

> 此即隱居今所住東面一橫壟也。此壟純絕石，石形甚瑰奇，多穿穴側旁，盤紆下深，乃有無底處，屢投脆物，在中間玲玲之響久之……西南有大石壁，聳而坼開，內有洞，入數丈漸狹小，不復容人，乃颻颻有風。外數步便有一湧泉，冬夏清流，即下解所資。近外澗口又有一湧泉，水勢乃駛上者，冬溫而夏冷。今正對壟前小近下復有一穴，湧泉奇特，大水大旱，未嘗增減，色小白而甘美柔弱，灌注無窮，但恨在山西，自不得東流耳，亦別開決作東流用之。又渡此嶺東南，有一石穴，水東流，極好，其處隱障，甚可合丹……正患去徑路近，車聲人響，殆欲相聞。今若斷此路，不復聽車聲人行，便是第一處，方當思為其宜。茅山住止，惟有隱居今所住及南洞口長史宅處乃極好，所恨迴曠。且此一山通無虺蝮毒螫；時有青蛇，都不犯物；虎亦甚少，自

古來未聞害人。山居不問道素，皆少溫病。山德寬
容，不到險阻，但恨無青林冬夏常鬱如東間諸山耳。
自隱居住來，爐養成秀，於形望大好。山出好朮並
雜藥。絕宜松柏，而本無人植，不容自生，今亦分
布，歲種之耳。

這裡提到積金嶺的兩大缺陷，一是缺少樹林，正通過植
樹造林來彌補；二是交通喧嘩，正在考慮是否截斷附近的一
條大道。陶注也談到他們在赤石田開墾的成績：

赤石田，今中茅西十許里有大塘食澗水，久廢不修，
隱居今更築治為田十餘頃。

東晉許謐曾開墾赤石田未成，留下一處廢塘，陶注又談
到進一步開發的設想：

此田雖食澗水，旱時微少，塘又難立，不知後當遂
墾之不。今塘尚決，補築當用數百夫，則可溉田十
許頃。隱居館中門人亦於此隨水播植，常欲修復此
塘以追遠跡，兼為百姓之惠也。

這樣大的工程需要花費不少勞力。他把農田和住宅基本
建設的任務交給弟子陸敬遊負責。據《陶隱居內傳》，受過陶

弘景輔導的皇室諸王大都派了吏役供他驅使。陶弘景後來又得過皇帝的許多賞賜，不難抽出財力雇傭人工。不過，隨他一同來到茅山的幾個門生，甚至可能包括陶弘景自己，都參加了創業勞動。幾年以後（大約西元498年，即齊明帝永泰元年），他曾作文表揚陸敬遊的功勞，據文中所說，陶弘景辭官時，陸敬遊已經追隨他兩年了，來到茅山以後，又闢荒墾田，開基架屋，苦幹了七年，才算基本安定下來。策文還概括陸敬遊造屋與種植的功勞說，他們風裡來、雨裡去，手上腳上都磨出了老趼，終於能夠豐衣足食，而且有了寬敞的樓館堂壇，不但自己夠住，還能接待遠來的官差民客。

齊武帝去世後，由孫兒繼位。但是出身皇族遠支的蕭鸞攬取了朝政大權，先後殺了小皇帝蕭昭業、蕭昭文，把宗王中稍有所長及地位比較重要一點的人物都殺光了，然後又以皇太后的名義讓自己過繼為太祖高皇帝的第三子，以此身分繼位為齊明帝，改元建武。陶弘景與受過自己輔導的高帝諸子頗有感情，因此蕭鸞的大殺宗室，對陶弘景的精神又是一次巨大的衝擊。隱居之初，他對世俗功名觀念只是暫時擱置，並非從原則上拒絕。所以他以「華陽隱居」自稱，而不用道士的稱號，似乎有意表明自己還是儒教中人。而齊朝宮廷屠殺的慘劇，則給他殘餘的人間情感猛澆了一盆冷水，促使他對人生命運、生死奧祕、彼岸歸宿等問題又經歷了一番思考，獲得了更深的感悟。他的道教選擇，可能就是這以後才完全確定的。

陶弘景對濫殺無辜的蕭鸞不會有好感，但這位當今皇帝
「潛通道術」(《南齊書・明帝紀》)，因而對陶弘景相當殷勤。
《三洞珠囊》卷二引《道學傳・陶弘景傳》載：

> 齊明帝踐祚，恐幽祇未協，固請隱居詣諸名嶽，望
> 秩展敬。遂周旋五郡，經歷三年。事迄，迎還，令
> 憩鍾嶺。使人往來，月有數四。餉賜重疊，隨意所
> 求。朝野書疏，交為煩黷也。
> (齊明帝登基以後，擔心自己奪取帝位的行為得不到神
> 靈的保佑，因此好說歹說地把陶隱居請出來，讓他到各
> 處名山去，按照這些山嶽在禮制中的等級地位進行祭
> 祀。於是陶弘景為此周遊五郡，經歷三年。任務完成以
> 後，齊明帝迎回陶弘景，令他在京師的鍾山居住。皇帝
> 派遣使人至陶弘景處，每月平均不下四次。不斷給陶弘
> 景贈送食物、禮品，滿足他的任何要求。陶弘景因此不
> 斷收到官方和民間的大量來信，煩得受不了。)

照《道學傳》所說，陶弘景東祈名山之後返回時，曾遵
從蕭鸞安排，改在鍾山居住。不過按《陶隱居內傳》引《本
起錄》的說法，他拒絕了蕭鸞的這一安排：

> 明帝三年二月敕迎先生出居蔣山，先生固辭，並因
> 江佑陳啟，乃停。

蕭鸞似乎已經把陶弘景視為道教的主要代表，既想借助他的道法邀獲神靈的福佑，又想借助他在社會上的清高名譽爭取士大夫的認同。得到如此的特殊榮寵，陶弘景卻不以為榮，似乎還反以為恥。對於欽點的禮拜名山的任務，他也只當做個人遊山玩水，儘量低調地處理。蕭鸞要安排他出居鍾山，他拒絕了。正因為這樣，他才沒有被捲入齊末的政治旋渦。

劉宋後期的宗室骨肉相殘的慘劇，又更加慘惡地在齊朝後期重演了。大殺宗室往往與誅戮臣僚互相聯繫。蕭鸞的皇位得之不正，因此對臣下也特別猜疑，動輒加以殺戮。後來連高帝舊臣大司馬王敬則也被逼起兵，永泰元年(西元498年)五月，王敬則失敗被殺。七月，蕭鸞病死，十六歲的太子蕭寶卷繼位。雖然小皇帝殺戮更甚，卻已經很難穩定局勢了。

建武三年陶弘景回茅山以後，便埋頭研修道法，儘量避開世俗的干擾。山中的資深道士都把他引為同道，以與他結交為榮。陶弘景移居茅山的初期，為了農田、房宅基本建設，不能不對外聯繫，說是隱居，其實隱而不深。又遇上齊明帝迷信道法，熱心拉攏，頻繁地敕命餉賚，一些馬屁精也跟著湊熱鬧，陶弘景不能不有所敷衍，感到很煩。蕭寶卷也信神仙，但他更迷信巫術俗神，對陶弘景那種高雅的信仰沒有多少興趣。陶弘景對齊明帝已無好感，對他兒子的政治命運更不抱信心，恰好此時自己的基本建設工程也已告一段落，於是便趁機斷絕了對外聯繫，一來實踐深隱的志向，二來也是

為了避禍。明眼人都不難看出，那種片面依賴暴力與機詐的恐怖政治，日子肯定長不了。陶弘景當然要儘量拉開與朝廷的距離。《梁書》本傳載：

> 永元初，更築三層樓，弘景處其上，弟子居其中，賓客至其下，與物遂絕，唯一家童得侍其旁。特愛松風，每聞其響，欣然為樂。有時獨遊泉石，望見者以為仙人。

這段時間，陶弘景認真做學問。總結他本人的道教考察與研修成果的名著《真誥》、《登真隱訣》，以及囊括他自己的醫術及其家族幾代醫藥經驗的力作《本草經集注》、《效驗方》、《補闕肘後百一方》等，都是在這時候完成的。

第四節　所謂「山中宰相」

但陶弘景此時雖然不接世人，卻並未真正不問世事。政局日益混亂，社會滿目瘡痍，他實在不能無動於衷。他暗中關注時局的變化，終於把恢復秩序的希望寄託在蕭衍身上。

蕭衍（西元464～549年）出身於蕭齊皇族的遠支。他的哥哥蕭懿於永元二年（西元500年）為蕭寶卷平定叛亂，升任

尚書令，坐上了這位猜忌好殺的小皇帝身邊的頭把交椅，但也就等於坐在了火山口上。十月，蕭懿被蕭寶卷處死；十一月，雍州刺史蕭衍就在襄陽起兵，名義上奉出鎮荊州的蕭寶融為主。次年九月，蕭衍進兵至京師周邊，與蕭寶卷從各地調集的軍隊交戰。

　　陶弘景長蕭衍八歲。蕭衍是在秣陵縣同夏里（亦作「桐下里」）出生的，而同夏里正是陶弘景的故鄉。齊武帝永明年間，他們都是京師文學界的知名人士，想來有過交往，應該是早就互相有所了解的。陶弘景早已對政治的黑暗痛心不已，他覺得齊末社會動亂已極，應該是轉運的時候了，時代需要有一位大人物出來收拾局面，這位大人物起碼應該既有生活經驗，又有文化素養；既有權謀機變，又有長遠眼光；放眼當代英雄，看來還是蕭衍最夠格，目前機運也對他最有利。於是陶弘景毅然決定要表明自己的態度，以便助成其事。蕭衍剛到京師西南的新林，陶弘景就派人送信，沒能送到。蕭衍進佔石頭城以後，陶弘景才和他聯繫上了。當時京師守軍不下十萬，各地長官效忠蕭寶卷的仍然不少，觀望者更多，北魏又已準備趁機南侵。在這瞬息萬變、性命攸關的時刻，蕭衍需要最大限度地振奮精神，儘快解決建康問題。這時老朋友給他送來了精神支援，而且這位老朋友又是已經享有盛譽的道教領袖，他當然特別高興。

　　十二月初六，守城將士殺蕭寶卷，投降蕭衍。蕭衍迎宣德太后（廢帝蕭昭業之母）入皇宮，說是「臨朝稱制」，其實

只不過是讓她被動地為蕭衍取代齊朝表演一套眾人所希望的神聖儀式而已。陶弘景得以參與禪讓的機密。《南史》本傳載：

> 齊末為歌曰「水丑木」，為「梁」字。……及聞議禪代，弘景援引圖讖，數處皆成「梁」字。

據以上記載，蕭衍之所以採用「梁」作為國號，陶弘景的文字遊戲起了決定性的作用。此後，一場改朝換代的大戲就高舉著「梁」字旗號，按照儒教的藍本，緊鑼密鼓地上演了。蕭寶融已經離開江陵趕奔建康，便於三月二十八日在姑孰（南豫州及淮南郡治所，今安徽當塗）下詔禪位於梁，並停在姑孰等候處理。四月八日丙寅（西元502年四月三十日），蕭衍在南郊舉行告天大典，正式即帝位，史稱梁武帝。

據《陶隱居內傳》引《本起錄》所載，大典之所以定在四月八日，也是以陶弘景的意見為基礎的：

> 至春末夏初，當就昭告，沈約宣旨，又請克日。先生雖疏數日，而正據四月八日丙寅也。

陶弘景建議了這個日期，也就擔了風險。那天的典禮真的差點被頭天晚上開始灑灑停停的雨破壞了氣氛了，據上引《本起錄》後文：

乙丑夜凝雲灑雨，朝廷深慮致疑。詰朝遲明，登壇焚燎。受終禮畢，鑾駕還宮，百司陪慶。冥夕之間，雨復滂沱。朝廷扼腕，莫不謂天命矣。

如此虛驚一場，反而增加了人們對陶弘景道法的神祕感。

不管梁武帝蕭衍本人對陶弘景的道法是不是完全信服，他都明白，有這麼一位名氣不小的道士來為新朝添加神聖與神祕的氣氛，對於安定人心是大有好處的。因此他對陶弘景相當器重。《梁書》本傳說：「高祖既早與之遊，及即位後，恩禮愈篤，書問不絕，冠蓋相望。」《南史》本傳除上述內容外，還說：

> 後屢加禮聘，並不出，唯畫作兩牛，一牛散放水草之間，一牛著金籠頭，有人執繩，以杖驅之。武帝笑曰：「此人無所不作，欲學曳尾之龜，豈有可致之理。」國家每有吉凶征討大事，無不前以諮詢。月中常有數信，時人謂為山中宰相。二宮及公王貴要參候相繼，贈遺未嘗脫時。多不納受，縱留者即作功德。

可見陶弘景與梁武帝之間確實保持了一種異常密切的關係。但是《南史》本傳關於「山中宰相」的說法，我們卻不宜看得太認真。估計是因為梁武帝與陶弘景之間聯繫密切，

王公貴人又對茅山趨之若鶩，當時普通百姓只看現象，便傳出了「山中宰相」一說。其實蕭衍和陶弘景都是聰明異常的角色。陶弘景清高出世的性格已經養成，不大會有興趣去淌紅塵的渾水；他更知道蕭衍的分量，知道在實際政治事務方面，自己隔離在外，偶知片段，不可能比浸潤其中、全面掌握具體情況的蕭衍更高明，豈肯貿然指手畫腳？他給蕭衍出的主意，諸如擬國號、解圖讖、占吉日，都無非是可以錦上添花但卻無關大局的意見。陶弘景想做的，也是蕭衍希望他做的，主要是利用自己的宗教身分，為蕭梁的政治大業造點兒氣氛，添點兒色彩，華夏政治自古以來有「神道設教」的傳統，是只哄「小人」不瞞「君子」的。所謂「吉凶征討大事，無不前以諮詢」的說法，恐怕是《南史》作者李延壽想當然爾。

東晉以來，道教在江南民間影響很大，南蘭陵蕭氏家族肯定也受了影響。蕭衍作為一個博學多能之士，對道法也有興趣，甚至有某種道教信仰。《隋書·經籍志》載：「武帝弱年好事，先受道法，及即位，猶自上章，朝士受道者眾。」蕭衍的《舍事李老道法詔》曾說自己是「經值迷荒，耽事老子，歷葉相承，染此邪法」（《廣弘明集》卷四），是則他的道法興趣有家傳因素。不過他受道法主要是「好事」，即為了滿足好奇心和探索興趣，信仰程度有限。當他對佛教有了比較深入的了解以後，他的信仰就越來越向佛教偏轉了。朝士們紛紛受道，無疑受到了蕭衍與陶弘景之間的親密關係的誘導，但

是這樣的誘導效果其實並非蕭衍自己的願望。

　　開國之初，人心未定，陶弘景的神聖支援對於蕭衍來說，確實是相當寶貴的。以後國內人心漸漸安定，陶弘景對於蕭衍的重要意義也相應地漸漸弱化。天監三年（西元504年）四月八日，蕭衍突然發布了《舍事李老道法詔》，宣布「今舍舊醫，歸憑正覺」，「寧在正法之中長淪惡道，不樂依老子教習得生天」。這時茅山道法正受到群眾的熱烈追捧，蕭衍此詔給這種熱度澆了一桶涼水。陶弘景「山中宰相」的名聲，恐怕也就基本上到此為止了。

　　蕭衍是一個十分自信的人，做了開國皇帝以後，就更加自傲了。他不會接受任何宗教領袖的擺布，而寧願讓人把自己看作神聖力量的代表，讓百姓們看到宗教領袖乖乖地為自己服務。他的捨道歸佛，主要是表明個人的態度，並沒有定為一項臣民必遵的政策。他並不是要消滅道教，而是要以三教同源論為指導，在已經相對穩定的多元並存宗教格局的基礎上，建立一種以佛教為中心的多元一體的宗教體制。所以他在宣布捨道歸佛的前一年，還特地「置大小道正」（《太平御覽》卷六六六引《道學傳》），即由道士中選拔的代表朝廷主管道教事務的正副長官；擔任「大正」即正長官的是著名道士孟景翼，這很可能是南朝政府設立專官管理道教事務的開始。宣布捨道歸佛的下一年，他又於正月「置五經博士各一人」，於六月「立孔子廟」，以加強儒教建設。捨道歸佛並不是要疏遠或排斥陶弘景，但是需要陶弘景從過於突出的位

置退卻。陶弘景心領神會。

問題是，用什麼行動來顯示這種位置調整？蕭衍想到了一件事：煉丹。巧得很，似乎不約而同地，陶弘景也想到了煉丹。日有所思，則夜有所夢。據《陶隱居內傳》說，他們兩人在同一天晚上都做了一個與煉丹有關的夢：

> 天監三年，夜夢有人云：「丹亦可得作。」是夕，帝亦夢人云：「有志無具，於何輕舉，式歌漢武？」帝久之方悟。登使舍人黃陸告先生：「想刀圭未就，三大丹有闕，宜及真人真心，無難言也。」先生初難之：「吾寧學少君邪？」帝復以夢旨告焉。乃命弟子陸逸沖、潘淵文開積金嶺東，以為轉煉之所，鑿石通澗，水東流矣。

當時陶弘景似乎想以暫時專注於煉丹的方式，來擺脫世俗的是非干擾。而蕭衍卻是要讓陶弘景替自己煉丹，以使臣民們明白，陶真人不是皇帝的導師，而是皇帝的臣僕。陶弘景雖不奢望做帝師，但也不想做依附帝王的臣僕，寧做與世無爭的隱士，可能的話就是帝王的朋友。因此一開始他以不願學李少君為由，沒有答應蕭衍的要求（《史記》所載，李少君是漢武帝時以所謂仙方騙取帝王封賞的方士）。蕭衍再以「夢旨」來說服他，實際上等於抬出「神意」、「天命」來施加壓力。陶弘景只得從命。

第五節　奉命煉丹的實驗家

　　陶弘景是個認真的人，不幹則已，既然要幹，就要認真大幹一場。從科學實驗的角度考慮，既然皇帝主動支援，許多物質條件方面的困難都有了克服的可能，就不如把這當作一個機會，對傳統的丹方好好地驗證一下；可是從宗教信仰的角度考慮，這就是在用一種很不明確的標準來公開檢驗自己的宗教素質，實際上是要拿自己的命運去冒險，很可能賠上已有的宗教名譽。但是，求真崇實的精神始終是陶弘景思想的主流，為了這次難得的機會，他願意冒一次險。於是，他以半百之年，踏上了一段漫長、艱苦、充滿風險的爐鼎煉丹實驗的道路。

　　對於神仙方士來說，外養、內煉都需要付出辛勤的努力。但是內煉的手段與成果都在自己身上，別人想拿也拿不去；外養所服食的藥品得來不易，一旦獲得，卻不一定自己享用，而可能被別人輕易佔有，因而容易惹起帝王權貴的注意和支援。西漢以來，神仙方士極力探索煉製所謂「仙丹」的方法。歷來服丹致死的事不斷發生，但是神仙方士主觀上總還能找到理由曲為開脫（例如把被丹藥毒死說成是「尸解」，即棄屍於世而化身成仙），不肯承認失敗；而客觀上總還有一些技術

問題似乎沒有被探索窮盡，還能誘使好奇者繼續努力。

陶弘景接受道法，目的當然也是想要成仙。他師法上清派，這一派的道法偏重內煉，以「存神」為主，但也不否定外養的輔助作用。陶弘景研究道法已有多年，對道書上介紹的種種丹法可以說瞭如指掌。陶弘景在華陽下館配置了煉丹設備，也做過一些實驗，但因為這些丹法要求的煉製條件都相當苛刻，一般都難以達到，他也不願為煉丹花費太多的精力，所以直到天監三年夢中聽到人說「丹亦可得作」，又加上蕭衍的一再要求，他才開始想到要全力以赴地去驗證道書上的丹法。

煉丹方士認為，理想的煉丹場所，是得到正神保護的名山之中的不見俗人的幽僻之地。東晉神仙術學者葛洪查考仙經，在《抱朴子內篇·金丹》中列舉了28座「可以精思合作仙藥」的名山，「地肺山」即茅山，也是其中之一。陶弘景定居茅山積金嶺以後，注意考察周圍地理環境，早就發現，「渡此嶺東南，有一石穴，水東流，極好，其處隱障，甚可合丹」（《真誥》卷一注）。當他決定為梁武帝煉丹以後，當年就派弟子陸逸沖和潘淵文到積金嶺東面祕密開闢煉丹場地。要在荒僻的山嶺中建成這樣一個場地，工作量相當大，首先要修造地坪、開通水源，然後還要造屋、修井、築壇、安爐、置鼎等等，所以耗費了不少時間。下一年（天監四年）春季，這位馬上就要虛歲五十的老人把自己經營多年的華陽上、下館分別交給弟子掌管，自己帶上三位弟子作助手，搬到積金

嶺東住下，再次進入嚴格隱居的狀態。

　　他比較和權衡了各種丹法以後，從中選取九轉神丹之法作為實驗的課題，一來因為他覺得此法所要求的原料都可以設法取得，書上記載的製法自己也都弄懂了，二來因為這是一種「高真上法」，若能煉成，服下去就可以白日飛昇，那是最理想的成仙方式，可以最有效地提高群眾的道教信仰。於是他就嚴格按照書上的要求，一絲不苟地操作起來。

　　第一爐九轉神丹於天監五年元旦隆重開鼎。按照煉丹家的說法，煉成的九轉丹應該是「飛精九色，流光煥明」，這爐丹顏色不對，只能算不成功了。於是重新開始，準備工作又花了大半年。到了這年九九重陽，第二次爐火又點著了。但這一次更加不順利。熬到年底，開鼎一看，仍然不成功。

　　陶弘景作為一個享有巨大社會聲響的道教領袖，他的煉丹活動很難嚴格保密，而早已成為人們談論的話題，而且人們對他煉丹成功抱有很大的期望。但是兩次煉丹不成功，使他的處境十分尷尬。他需要好好地想一想，沒有急於安排煉下一爐。我們知道，煉丹術總體上不符合科學規律，它的失敗是不可避免的。但在當時一般道教信徒的心目中，煉丹失敗往往是由於煉丹者道法不精或信念不純；如果不承認失敗了，那麼就可以把所煉的丹藥服下去試一試，有正面效果固然好，即使毒死了也可以托詞「尸解」而保住面子。陶弘景既不承認完全失敗，又不肯冒險走尸解的路，他想到了另外的理由。據《陶隱居內傳》載：

先生以為，營非常事，宜聲跡曠絕。而此山密邇朝
市，岩林淺近，人人皆云有望，是丹家酷忌。姑改
服易氏，退遁東邁，當去建、晉中，以其山海深曠，
民不知道，見所云為無關視聽。吾若委形枕杖，非
不可為，是獨計小道。若脫爾便逝，不可以為教跡。

從前的煉丹家在操作時避開俗人，是認為「不通道者知
之，謗毀神藥，藥不成矣」（《抱朴子內篇·金丹》），陶弘景
則進一步把通道者的關注和期望也看作一種破壞性因素，因
此他打算離開茅山，到偏遠的建安（郡治今福建建甌）、晉安
（郡治今福建福州）一帶去另立煉丹場。他認為自己未必不
能煉成比較低等的仙丹，甚至前面兩爐可能就有這樣的仙丹，
但是自己不能服用這樣的仙丹，不能用尸解的方式偷偷地得
解脫，而一定要爭取煉出上等大丹，實現白日飛昇、肉身成
仙的奇蹟，來為道教爭光。

他把這一想法寫信報告蕭衍，蕭衍不以為然。於是陶弘
景決定悄悄地自行其是。天監七年春，他假稱「靜齋五旬」，
讓別人以為他一個人在齋室獨處，需要斷絕與外界的一切聯
繫，五十天內都不去打擾；而他只帶著兩個背行李的隨從，
在一個暗不見人的晚上，半夜裡出山去了。

一路上陶弘景隱姓埋名，改名王整官，身分是外兵參軍
（幕府中處理軍隊事務的僚屬）。他們到達東陽郡長山縣城（今

浙江金華）時，聽說南路海盜猖狂，於是建、晉一帶還能不
能去，就成了問題。他們又試著往前走了一段，據說晚上住
在一個石洞裡時，陶弘景夢見有人特地來告訴自己一句話：
「欲求還丹，三永之間。」（《陶隱居內傳》）陶弘景醒來想這
句話的意思，覺得應該是神意指示自己在永嘉（郡治永寧）、
永寧（縣治今浙江溫州）、永康（縣治今浙江永康）之間尋找
煉丹場地。於是他們選擇永康南部高峻的蘭中山，準備開闢
場地。但是後來發現這裡稻田不多，不可能收集到用作煉丹
燃料的大量穀糠，只好轉移。他們又往南走，發現楠溪青嶂
山有足夠的稻田，非常高興，便在這裡住下，租了田自己種
稻。哪想到這裡一連幾年鬧起了災荒，稻田收成很差，又加
上盜寇橫行，難以安生，只好另尋處所。

　　他想到《五嶽圖》所說的「南嶽儲君」霍山，就在晉安
郡境內，是著名的仙山，應該適宜煉丹，於是決定還是按原
定計劃乘船出海，再往南去。但是他們到達霍山地區以後，
發現峰岩險峻，連綿六七百里，問題還是人稀田少，缺少稻
糠，只好又從海路回永嘉。船過木溜嶼，發現這個海島有不
少廢棄的農田，卻沒人居住，便上岸建造房屋，做長期經營
的打算。不料剛住了兩個月，蕭衍的特使就找到島上來了。
這是天監十一年十月的事。蕭衍不能允許陶弘景這樣有影響
的道教領袖脫離自己的控制，陶弘景無奈，只得跟隨特使回
京師。

　　一路上陶弘景不免有些忐忑，像是一個被捉拿歸營的逃

兵，不知道那位越來越醉心佛教的皇帝，會怎樣對待自己。
於是他聲稱夢見佛祖給自己「授記」(即告知自己成佛的時間、
地點、名號等)，稱自己為「勝力菩薩」，因此特意取道鄮縣
(今浙江寧波)，在據說藏有佛陀真身舍利的阿育王塔前立誓，
接受了佛教的五大戒，為自己塑造了佛、道雙重身分。走到
晉陵 (今江蘇常州)，他稱病不肯進都城，蕭衍只好同意他直
接回茅山。

　　天監十三年回茅山，仍住東澗。天監十四年，又遷到朱
陽館，這是梁武帝將雷平山北的許謐舊居旁的長沙館 (劉宋
末年長沙王所造) 買下後，特地為他改建的。他推辭不掉。
但只在朱陽館住了一年，就搬到自己建造的鬱崗齋室去了，
這齋室在朱陽館以東，大橫山以南，成為他一生最後二十年
的基本住所。

　　他在鬱崗齋室繼續煉丹，久久未能取得突破，直到天監
十八年的一爐產品，從光彩看來，似乎達到標準了。但是他
仍然不放心，不肯拿人的生命去冒險。丹經說九轉丹可以化
鉛為黃金，這可以作為仙丹是否煉成的一種檢驗方式。但是，
多年積累的實踐經驗，早已使他對丹經所謂仙丹的功效疑慮
重重。要不要做這種「黃白術」試驗，如果試驗失敗又怎麼
辦？據《陶隱居內傳》記載，這天晚上，他靜心乞求神靈感
應，朦朧中果然有人來說：

　　　不須試，試亦不得。今人多貪，忽聞金玉可作，便

求竟毀天禁。正此是成，但未都具足。世中豈復有
白日昇天人！漸服自可知。

這位由他心念而生的神靈，不但以「今人多貪」為理由
否定了黃白術，而且也否定了再有白日昇天的可能。於是陶
弘景歎道：

昔聞幽說，云：仙障有九，名居其一。使吾不白日
登晨者，蓋三朝有浮名乎？南真高尊，即非輕舉，
小掾蕭邈，復是變解，玄師舊撤，誠宜仰遵也。

他沒法用別的原因解釋自己這一失敗，只能根據道士內
部關於九種成仙障礙的傳說，推測是自己的世俗名聲成了障
礙。他徹底放棄了白日昇天的神聖理想。他想到像魏華存（南
真）、許翽（小掾）那樣的高級仙真，據記載也是尸解成仙的，
才覺得稍許安慰。

但是蕭衍交付的煉丹任務，他還不能不繼續應付。普通
五年（西元524年）起火、次年開鼎的，是他二十年來煉的第
七爐丹，陶弘景終於宣布煉丹成功了。但是這似乎並沒有引
起蕭衍的特別興趣，也許這位皇帝已經接受了陶弘景關於世
上不會再有白日昇天的解釋，只把這些丹藥作為一般的藥品
看待了。

免除煉丹任務以後，陶弘景還得繼續操練爐火，為皇帝

煉製刀劍。大通元年（西元527年），陶弘景向梁武帝蕭衍獻
上了「善勝」、「威勝」兩口寶刀。

　　梁代是南朝佛教全盛的時期，道教受到極大的壓力。多
虧陶弘景以其才學名望周旋於朝野，才使道教受到的壓力有
所化解，得以維持一個良好的發展勢頭。無論析經義、談玄
理、作詩詞、撰文章、習書法、繪圖畫、研方藥、鑄刀劍、
辨文物、舉故事，他都具有一流水平，能贏得士林推重，並
與梁武帝保持了不淺的交誼。雖然他不肯出山，但還是被社
會各界包括北朝公認為道教的領袖。後來開創淨土宗的北朝
高僧曇鸞，也曾於大通年間來到茅山，向陶弘景學習本草和
仙術。陶弘景在茅山四十多年，興建道館，開拓田產，發展
水利，闡揚教理，編撰道書。他有一首詩，題為《詔問山中
何所有賦詩以答》，寫得淡雅自然，耐人回味，表達了對茅山
的深厚感情：

　　　山中何所有
　　　嶺上多白雲
　　　只可自怡悅
　　　不堪持贈君

　　大同二年（西元536年）三月，陶弘景逝世。人們傳說他
在仙界當了「蓬萊都水監」。這時茅山已經成為新道教無可爭
議的大本營。陶弘景被後來的茅山上清宗推為第九代宗師。

第五章
廣傳經籙九州仰

正是一個南北融合的、以上清經法為核心的
以茅山道團和樓觀道團為代表的
共同遵從三洞四輔判教體系的新道教
在隋唐帝國時期有能力與儒佛二教鼎足而立

第一節　南北道教趨同

　　陶弘景對道教的主要貢獻，就是確立了上清經法在道教
內部的崇高地位。陸修靜的三洞判教體系雖然把上清經法置
於最高地位，但他花了主要的精力去整理和完善靈寶經法，
特別是有助於開展集體活動的靈寶齋儀，而對專注於個人修
煉的上清經法不甚著意。他面對的主要任務是建設新道教的
組織實體，確實必須著重發揮「有為」的靈寶經法的功能。
而陶弘景時代新道教建設組織實體的問題已基本解決，當務
之急是提高道教的思想水平和文化品位，所以他轉而注重發
揚「無為」的上清經法的優勢，同時注意與老、莊哲學相結
合。此前靈寶經法的名聲遠遠超過上清經法，以致陶弘景進
駐茅山以後，曾感歎道民「學上道者甚寡，不過修靈寶齋及
章符而已」(《真誥》卷十一注)。經過陶弘景數十年的努力之
後，茅山成為上清經法的大本營。上清經法聲名大振，從而
對維護新道教的統一、完整和高雅形象發揮了積極作用。
　　我們沒有看到陶弘景直接論述教相判釋問題的意見，只
能從現存《道藏》題為陶弘景撰的《洞玄靈寶真靈位業圖》
中，間接了解到一些。有些學者懷疑《洞玄靈寶真靈位業圖》
是後人附會陶弘景名義的作品。但不論是不是這樣，此書都

可以代表陶弘景發揚上清經法之後南朝道教的神靈體系，而
這種神靈體系的排列正是當時的教相判釋體系的反映。《真靈
位業圖》將道教的崇拜對象分為七級，每級屬於一個境界，
按高下排列，分別是玉清、上清、太極、太清、九宮、定籙、
酆都。上四級都是所謂天仙之境，中二級是所謂地仙之府，
最下一級是所謂鬼官之域。玉清境以元始天尊為首，共49位，
其中有「玉皇道君」、「上皇天帝」、「高上玉帝」等名號，這
些先天高聖「並不與下界相關」。凡人修仙所能達到的最高境
界就是上清，為首的玄皇大道君「為萬道之主」，上清派傳說
中的重要仙人王遠（西城王君）、王褒、大茅君、周義山、裴
玄靈、魏華存、楊羲、二許等都在這一界，與太微天帝、金
闕帝君、扶桑大帝等高聖同列。有趣的是，在上清境右位特
設「女真位」，在以金闕帝君為首的8名男真之後，由「紫微
元靈白玉龜臺九靈太真元君」（即西王母）為首，包括魏華存、
九華真妃等29名女真，加上一群仙界高級女侍從（如西王母
的9名侍女），構成一個相當大的特殊集團。這可能反映了上
清派存思術與南方女巫靈媒傳統的特殊聯繫。名列上清境的
金闕帝君又主管太極境，號稱「壬辰下教太平主」，而靈寶派
傳說中的重要仙人葛玄及其師徐來勒、太上玄一三真人都在
這一界，其中還有黃帝等上古五帝，儒家的孔丘、顏回，道
家的莊周及其師長桑公子，以及正一派傳說中的重要仙人王
長、趙升。但正一派祖師張陵傳說為王長、趙升的師父，卻
在更下一級的太清境，墨翟、張良、葛洪及三皇派傳說中的

重要仙人帛和、儒教所奉的天界五帝也在其中，太上老君「為太清道主，下臨萬民」。九宮、定籙的主管皆由仙人充任，那時的現任九宮尚書是列名太極境的張奉。定籙真君是列名太清境的中茅君，屬下有傳三皇經法的鮑靚、鄭隱；而傳太平經法的于吉卻榜上無名。酆都北陰大帝為「天下鬼神之宗」，由人鬼充任，「三千年而替」。陶弘景注《真誥》有云：

> 夫天地間事理乃不可限，以胸臆而測之，此幽顯中都是有三部，皆相關類也。上則仙，中則人，下則鬼。人善者得為仙，仙之謫者更為人，人惡者更為鬼，鬼福者復為人。鬼法人，人法仙，循還往來，觸類相通，正是隱顯小小之隔耳。

這與〈真靈位業圖〉的模式原則上相符。這樣一個神性境域圖示，與儒教的神道說教相比，要淺顯明白一些；與佛教的涅槃之說相比，又更加富於生趣，可以對普通民眾產生很大的感染力。

這樣，南朝新道教發揮上清經法自身的吸引力，而不是依靠國家行政權力的強制推行，便使得陸修靜創立的以上清經法為核心的教相判釋體系不但沒有解體，反而更加鞏固並進一步完善了。可以說，由陸修靜開創的南朝新道教，是在陶弘景的時代得到基本鞏固的。

陶弘景之後，以上清經法為核心的教相判釋體系又向北

朝傳布。寇謙之去世以後，他留下的一套經法沒有足夠的吸引力和凝聚力，而國家的行政支援又已大打折扣，北朝新道教遂走向衰落，漸漸難以與儒、佛平起平坐。寇謙之的《籙圖真經》後繼乏人，大約北魏以後就失傳了。依附皇室的京都崇虛寺影響漸微，而終南山樓觀道團卻顯示出較強的生命力，逐漸成為北朝道教事實上的中心。樓觀號稱始於西周尹喜，並稱老子在此處為尹喜說《道德經》。這種宗教神話當然不可信，比較可信的是，魏晉之際已有神仙方士在這裡修煉，寇謙之得北魏太武帝支援推行「新科」時，樓觀道士逐漸成為北朝新道教內的一個有影響的教團。寇謙之經法「以禮度為首」，比較近於靈寶派，樓觀道團則重個人清修，比較近於上清派。樓觀道團宗奉老子，它的一大特色是以神學觀念闡釋道家哲學。傳說尹喜從老子受《道德經》2卷，《妙真經》2卷，《西升經》1卷，此三經當屬樓觀道團的基本經典，後來又成為三洞四輔體系中太玄部的基本經典。為了挽救北朝道教的頹勢，樓觀道士又以日漸成熟的南朝道教為效法的榜樣。茅山道士焦曠，於周武帝時（西元560～578年）隱居華山，曾向樓觀道士王延傳授「三洞玄奧，真經玉書」(《雲笈七籤》卷八五〈王延〉)。

但樓觀道團後來卻不肯完全承認向南朝道士學習，而說一些上清經是他們自己得自神授。例如《雲笈七籤》卷一〇四所收《太極真人傳》說西周時有道士杜沖，在樓觀感得真人李君授以《太上素靈洞玄大有妙經》；《仙苑編珠》卷下引

《樓觀傳》說，周朝道士宋倫感得老君降授《靈飛六甲素奏丹符》，說彭真人以《太上隱書》降授馮長，說神人以《天關三圖飛行之經》授姚坦，說仙人以《金真玉光經》和《七轉七變無天經》降授李順興；《歷世真仙體道通鑑》說仙人尹軌於晉惠帝時以《采服日月黃華法》和《六甲符》降授梁諶。

雖然樓觀道團不肯承認茅山道團在教義思想上的領導地位，但是它們將上清經法在北朝推廣，就等於使北朝道教接受了陸修靜創始的判教體系，也就等於使南北兩方道教在教義思想和教團組織模式上融合為一個統一體了。隨著上清經法所體現的個人清修至上原則的推廣，北朝道教的組織體制也相應改變，祭酒體制逐漸被道館體制完全取代。

北周武帝宇文邕（西元560～578年在位）英明有為，天和七年（西元572年）親政以後，「克己勵精」以統一中華為己任。他對北魏以來佛教過分發展的弊端深為不滿，希望在宗教上也實現統一，以儒教統一三教。建德三年（西元574年）十二月，北周朝廷「集群臣及沙門、道士等，帝升高座，辨釋三教先後，以儒教為先，道教為次，佛教為後」。次年五月便「初斷佛、道二教，經像悉毀，罷沙門、道士，並令還民。並禁諸淫祀，禮典所不載者，盡除之」（《周書·武帝紀》上）。六月又下詔設立「信道觀」，選取佛、道二教名人為學士，其中有樓觀高道十人。詔書稱：「聖哲微言，先賢典訓，金科玉篆，祕跡玄文，所以濟養黎元，扶成教義者，並宜弘闡，一以貫之」，力求會通三教。其時北齊皇室偏祖佛教，已經將道

教廢除，佛教特別氾濫。建德六年北周滅齊，便把齊地佛教全部廢除。

　　據《續高僧傳・釋彥琮傳》，周武帝在從組織上廢除佛道二教後，又「自纘道書，號曰《無上祕要》」。估計周武帝是讓佛、道兩教都作理論總結，以利文化繁榮，但佛教方面抱著抗拒情緒，未有作為，道教方面卻利用樓觀道團平素的積累，迅速完成了這部100卷的大型類書。《無上祕要》以《上清經》法為主導，正好成為南北道教融合一體的有力見證。以神仙體系為例，《無上祕要》現存殘本卷八三、八四記有「道人名品」六級，由低到高依次為：「得鬼官道人」、「得地仙道人」、「得地真道人」、「得九宮道人」、「得太清道人」、「得太極道人」，這段殘文的末尾說：「太極金闕四帝君，後聖李君在左最尊，已度上清，餘三人是太極之天帝。」這裡已經說明太極之上還有上清，則上清部分應該在佚文之中，可能上清之上還應有玉清，也應該在佚文之中。若是這樣，就正好與《真靈位業圖》大體相符：「鬼官」級相當於「酆都」級，「地仙」、「地真」兩級相當於「定籙」級，「九宮」、「太清」、「太極」、「玉清」四級，可能還有「上清」，都是完全相同的。

第二節　派系消融成一體

　　周武帝將佛、道兩教的組織一齊廢除，但設立「信道觀」，提倡會通三教，即將佛道二教像儒教一樣寓於國法世俗之中，成為一個統一的國教。這是一次相當有氣魄的宗教改革，然而失之於簡單化。宗教組織與世俗社會組織相分離是當時歷史發展的一種合理趨勢，宗教組織的多元和合也比一元同體更容易保持活力，因而，用行政手段廢除佛道組織，並不是解決佛教消極社會作用問題的最佳辦法。加以周武帝英年早逝，他的這次宗教改革也就付諸東流了。他的後繼者逐步解除佛、道禁令，至周靜帝大象二年（西元580年），正式宣布「復行佛、道二教」（《周書·靜帝紀》）。

　　三教之間的有限競爭必須保持在良性基礎上，否則國家政權便應該干預。但是，這種干預也必須適度。如果強力消滅其中任何一教，就破壞了三教並立的局面，也就會失去三教互補所產生的整體大於局部之和的系統優勢，從而也就不利於社會的穩定和發展。經過南北朝的反覆實踐，思想家和政治家們大都已經認識到了這一點。隋初大儒王通對此有所總結，據後人整理他與弟子對話而成的作品《中說》載：

子讀《洪範讜議》，曰：「三教於是乎可一矣。」程元、
魏徵進曰：「何謂也?」子曰：「使民不倦。」（〈問易
第五〉）

《洪範讜議》就是王通祖父王一研究《尚書·洪範》「皇
極」問題的一篇著作《皇極讜議》。「皇」有「大」的意思，
「極」有「中」的意思。「皇極」講的就是「大中」之道，相
當於《禮》的「中庸」。《皇極讜議》原書已經佚失，但作為
對皇極的闡釋之作，估計總離不開中庸的觀點。中庸的一個
含義是中和，即矛盾的和諧統一。中庸的靈活運用叫做「時
中」，也就是原則性和靈活性的統一。如果這個估計不錯，那
麼王通用這個觀點研究三教關係，得出「三教可一」的結論，
就意味著三教的「一」是三個子系統在意識形態這個大系統
內的矛盾統一。既不是讓儒教獨存，也不是任佛、道二教泛
濫，而是以儒為主，以佛道為輔，構成一個統一的思想體系。
　　繼北周之後興起的隋唐帝國，採取的就是由國家嚴格控
制佛道等教發展規模的政策。而正是一個南北融合的、以上
清經法為核心的、以茅山道團和樓觀道團為代表的、共同遵
從三洞四輔判教體系的新道教，在隋唐帝國時期有能力與儒
佛二教鼎足而立。
　　《隋書·經籍志》論道教時說：

受道之法，初受五千文籙，次受三洞籙，次受洞玄

籙，次受上清籙。

可見，經過南北朝時期的發展，一種貫穿各派的道教籙位制確實已逐漸通行於全國了。但《隋書·經籍志》這段話只說到四級籙位，是三洞體系向七部體系過渡的一種中間狀態。也許要到唐代，按照七部體系判釋教相才成為全國道教的基本共識。唐玄宗下令制定的道教概論性文件《妙門由起序》說到：「道士立名，凡有七等」，即：天真、神仙、幽逸、山居、出家、在家、祭酒。又說其中前五種是「去塵離俗，守道全真，蹤跡寰中，不拘世務」，顯然指出家道士；後二種是「願辭聲利，希入妙門，但在人間救療為世，今劍南、江表，此道行焉」，顯然與天師道有關。我們可以這樣理解《妙門由起序》反映的情況，即七部體系確立後，一方面道教界承認了歷史上天師道各級頭目（祭酒等）的道士身分，並承認了現實中的正一經法也是道教內部的一個正式等級；另一方面劍南、江表這兩個受天師道影響極深的地區，還仍然有一些道士堅持正一經法的相對獨立，堅持使用祭酒名號，甚或不屑於把三洞經法作為繼續深造的內容加以接受；但南朝新道教體制已將大部分天師道組織消化了，正一經法在其中只是垂直的等級系列中的一個階段，不再代表一個平等存在的派別，「祭酒」名號已不再使用。

道教現存的介紹了七部體系等級系列的典籍，當以所謂「金明七真撰」《洞玄靈寶三洞奉道科戒營始》為最早（唐玄

宗初年的《妙門由起》已有徵引），書中卷四說，道教基層有
「輸誠於道系名道籍」的「戶長」；其上才「歸心」為「三寶
弟子」，再上開始受戒為「清信弟子」，再進而為正一法範圍
內的各稱「弟子」名號，再往上才受正一法籙，以後逐步升
遷，正一等級中最高的名號是長達42字的「太玄都正一平氣
系天師陽平治太上中氣二十四生氣督察二十四治三五大都功
行正一盟威元命真人」；再往上受洞淵經籙，再為老子道德經
籙，再為三皇經籙、靈寶經籙、上清經籙，最高級號為「上
清玄都大洞三景弟子無上三洞法師」。從南北朝到隋唐五代，
道教等級系列曾有許多變化，但大體保持了從正一到上清的
由低到高升遷的格局。唐末五代以後，道教七部判教體制才
最終解體。

　　然而，現代研究道教史的學者幾乎都把道教看作一個自
古以來一直派別分立的宗教，對於南北朝隋唐道教曾經有過
的空前絕後的相對統一局面，大都缺乏認識。例如我們常常
看到一些專家學者在論述隋唐道教時，完全相信後代道書記
載的所謂正一派龍虎宗和上清派茅山宗的傳承系統，同時感
歎靈寶派在陸修靜之後的情況已不甚明瞭。這些論者顯然沒
有理解陸修靜統一黃老道各派的意義。其實，所謂靈寶派在
陸修靜以後及隋唐時期的傳承系統，至少在唐代中期以前，
本來就不存在，我們怎麼可能「明瞭」呢？就是道教文獻有
記載而看似「明瞭」的所謂正一派龍虎宗和上清派茅山宗的
傳承系統，實際上其中的早期部分也是後人追擬的。龍虎宗

世系名單上的人，有些在歷史上未必存在；茅山宗世系名單上的人大體都是有過的，後來的茅山宗給從前的一些精通上清經法並與茅山多少有些關係的高道戴上本門宗師的帽子，如果當作追授榮譽，倒也未嘗不可，但是如果我們硬要認其為真，那就上當了。

從唐朝中期的安史之亂到唐末五代社會的更大動亂，打亂了隋唐帝國的正常秩序，社會關係又有一次重大變化，庶族地主階級壯大起來，門閥士族最後消亡，商品貨幣關係有較大的發展，社會文化平民化成為新的潮流。於是作為道教貴族化標誌的三洞四輔判教體系也就隨之瓦解了。北宋初大亂既定，孫夷中特地訪求精熟法教的道士介紹傳統制度，編成《三洞修道儀》，意欲興復道教；其中所述經戒法籙等級體系大體與《洞玄靈寶三洞奉道科戒營始》相同。但經戒法籙等級體系廢弛的結局已不可挽回，其後不久由主編《道藏》的張君房編撰的全面介紹道教的《雲笈七籤》中，就完全不談經戒法籙等級體系，「三洞四輔」只剩下分類的意義了。

總之，三洞四輔判教體系標誌著道教史上特別重要的一個階段。此前道教尚處於萌芽狀態，派系分立，以平民化的天師道為主流；陸修靜以三洞體系全面統一民間黃老道派，標誌著道教發展到成熟狀態，而七部判教體制全面推行的唐代，也正是中國道教的鼎盛時期，原有的派系大體消融，各種經法整合一體，富於貴族氣息、重視清修的上清經法成為主流，自外於七部體制的小宗派可能仍然存在，但影響不大，

整個道教大體上是統一的。大約到唐末五代以後，道教七部判教體制開始從全局上解體，而道教也進入了新的平民化發展階段，派系分立格局全面重現，上清、靈寶、正一等經法又重新形成獨立的宗派，正一派逐漸成為主流，而上清派、靈寶派也都逐漸符籙化了。

第三節　天下道學宗茅山

　　道教起源於民間新興宗教運動，其前身的漢魏兩晉民間黃老道派都是非常平民化的，特別重視符籙。但是魏晉南北朝是門閥貴族當權的時代，而其後的隋唐時代，門閥貴族政治上雖然衰落，但仍然保持著強大的社會文化優勢，並在新形勢下憑藉進士科維持其門戶。在衝擊舊秩序中興起的民間宗教運動要想獲得穩定的社會地位，就不能不與既成的社會秩序相適應，而以出世清修為重的上清經法及以上清經法為核心的三洞四輔體系比較適合貴族趣味，就成了南朝道教加入主流文化、形成統一組織直至隋唐道教達於極盛所憑藉的基本資源或財富。

　　這一筆財富在隋唐時期的最大受益者，應該是茅山道團。當時全國道教直接受各級政府管轄，內部存在著許多大大小小的道團，只是在教義思想和教團組織模式上有統一的標準，

互相之間並沒有統轄關係。但是這些道團，不管是由宮觀權
力形成的，還是因經法師承而形成的，都沒有任何一個可以
與茅山道團的地位相抗衡。樓觀道團試圖與茅山道團爭奪上
清經法的版權，並且憑藉歷史淵源和地緣優勢，與李唐皇室
結成了異常密切的關係，但是也沒能改變「茅山為天下道學
之所宗」(《顏魯公文集》卷七〈有唐茅山元靖先生廣陵李君
碑銘〉)的格局。當然茅山在隋唐能有這樣的成績，除了歷史
資本以外，還要歸功於道團領袖們有效的社會活動和傑出的
理論貢獻。

　　陶弘景淡泊名利，他的宗教實踐偏重於精神追求，沒有
特別注重組織建設。茅山道團的興盛主要憑藉他個人的名望，
而他去世以後，他的門徒中沒有出現傑出的後繼人才，茅山
道觀的盛況也就難以保持。但是茅山上清道法已成為一個有
吸引力的品牌，山上的道士若不能充分運用這個品牌，山外
有能力的道士也會來利用。

　　南朝隋唐之際的王遠知(約西元528～635年)，就是這樣
一位有能力而又重視利用茅山品牌效應的道士。他出身於南
方士族高門。中唐道士李渤的《真系》(《雲笈七籤》卷五)
說他十五歲入茅山拜陶弘景為師，後又師從宗道先生臧矜。
但是陶弘景死時王遠知最多不過八歲，而且初唐道士江旻的
《升真先生王法主真人立觀碑》只說他師事臧矜，沒有說到
陶弘景，所以我們估計，王遠知其實與陶弘景沒有師徒關係。
他的師父臧矜是有名的重玄學家，但是終歸沒有陶弘景的名

頭響亮，所以他自己或是別人總喜歡讓他打陶弘景的名號，而他也把茅山作為修煉基地。陳宣帝曾經召他入殿講論。隋朝平定江南以後，鎮守揚州的晉王楊廣把他當作南方道教的代表人物，和他建立了聯繫。楊廣後來即位，史稱隋煬帝，好大喜功，窮兵黷武。大業七年（西元611年），隋煬帝巡遊駐於涿郡時，下詔征伐高麗，徵調人力錢糧，頓時天下騷動，民眾紛紛起兵反抗。楊廣這時又想起了王遠知，想借助於他的宗教影響來鞏固自己的權威，於是派人把他接到涿郡，親執弟子之禮，請教神仙之事。其後又在東都洛陽建了一座「玉清玄壇」給他居住，讓皇長孫代王楊侑拜他為師。王遠知便進入了全國的政治中心，從此積極參與政治活動，努力在天下大亂之際把握方向，以利道教的發展。他曾經向李淵「密告符命」，李淵建立唐朝後便授予他「朝散大夫」的官號，賜給他「金縷冠」和「紫絲霞帔」。他又盡力結交秦王李世民。據說當時李世民和房玄齡隱瞞身分，穿著普通服裝去拜見他，他一見就說：「你們中間有一位聖人。」李世民便表明真實身分，王遠知就說：「殿下將要肩負太平天下的重任，請愛惜自己。」李世民聽了當然十分中意，後來就到他那裡學習三洞法。李世民即位，史稱唐太宗。此後王遠知見天下已經安定，作為宗教領袖再混跡於官場是非之地，弊多利少，不如退回世外，保持超然地位。於是他固請歸山，太宗准許之後，特地命洛州（州治今河南洛陽）給他提供船隻人役，給他送上法服。貞觀九年（西元635年），又敕令潤州（州治今江蘇鎮江）

為他在茅山建造「太平觀」，度道士二十七人。太平觀在積金嶺旁的丁公山前，陶弘景的華陽下館故址。傳說他去世後就在仙界擔任「少室仙伯」。

　　王軌（西元579～667年）是王遠知的弟子，也出身士族，可能是王遠知的同宗。他自幼師從王遠知，隨同北上。經過隋末大亂，茅山道觀破敗不堪。王遠知回茅山之前，先派王軌回山「修葺許陶遺址」，就是梁武帝在雷平山北許謐舊居旁為陶弘景建造的朱陽館。昔年，陶弘景在館中設立「昭真臺」，專門供養楊許三真人的手書真跡經誥；這時此地已經「舊基夷漫，餘跡淪蕪」，唐太宗敕令改建為「華陽觀」。貞觀十年，太宗賜太平觀田地山塘70餘頃，華陽觀田40餘頃。王軌後來又「摹寫上清尊法，洞玄、洞神符圖祕寶，並竭鍾魏之楷模，盡班倕之剞劂，緘封靜室，永鎮山門」（《茅山志》卷二二〈桐柏真人茅山華陽觀王先生碑銘〉），為茅山道團的文獻建設出了大力。

　　潘師正（西元586～684年）出身於趙郡贊皇（今河北贊皇）仕宦之家，起先在故鄉拜道士劉愛道為師。劉愛道對他非常器重，大概覺得自己不足以造就這位高徒，就讓他去轉投正在洛陽的王遠知，於是王遠知把道門隱訣及符籙都傳給了他。王遠知帶他到茅山住過一段時間，後來又讓他回北方去，他便與劉愛道一起隱居嵩山。潘師正在道教理論建設方面很有造詣。雖然王遠知以後茅山道教的正式領袖是華陽觀主王軌，但是王軌的名氣遠不如作為隱士的潘師正。唐高宗

李治在東都洛陽召見潘師正，問他在山中有何所需？他說：
「松樹清泉，山中不乏。」(《真系》)李治對他十分敬佩，曾
親自到他隱居的逍遙谷與他討論「道性」問題，並下詔在逍
遙谷修建一座「崇唐觀」，同時在嶺上造了一座「精思院」供
他居住。據說弟子在他臨終前問他去哪裡，他答：「泰山檢校
功德。」

　　司馬承禎（西元647～735年）是潘師正的門徒，也出身
於仕宦之家，是晉朝皇室的後代。據《真系》記載，潘師正
曾對他說：「我自簡寂傳授正法，至汝六葉矣。」這是把簡寂
先生陸修靜看作「正法」的奠基人，而把孫遊岳、陶弘景、
王遠知、潘師正、司馬承禎看作其後「正法」的歷代傳人。
司馬承禎後來雲遊名山，在江東的天台山玉霄峰留下來隱居，
自號「白雲子」。武則天曾經召他到東都洛陽，給以隆重的接
待。唐睿宗也曾經召他進西京長安的宮中，問他關於陰陽術
數的問題。他回答：

　　　道經之旨，為道日損，損之又損，以至於無為。且
　　心目所知見者，每損之尚未能已，豈復攻乎異端，
　　而增其智慮哉！

　　李旦又問治國，他還是答以無為之旨。陰陽術數是道教
傳統中的重要內容，他卻視為異端。陶弘景極力要把道教引
向高雅，司馬承禎這段話正是這種高雅風度的體現。開元九

年（西元721年），唐玄宗李隆基又把他接到西京，請他給自己傳授法籙。開元十五年，玄宗再次召他到東都，讓他在東都附近的王屋山自選形勝之地，在那裡建了一座「陽臺觀」，給他居住。後來唐睿宗的女兒玉真公主也拜他為師。他的代表作《坐忘論》提出一種修道成仙的理論，主張在坐亡主靜的踐行中復歸真性。傳說他就是仙界的「東華青童道君」。

李含光（西元682～769年）早年在家鄉江都（今江蘇揚州）開始學道，開元十七年（西元729年）投到王屋山司馬承禎門下。司馬承禎去世後，唐玄宗把他召去，向他問起治理天下的道理，他答以「道德」。又問到「金鼎」，就是關於煉丹以求「輕舉」（昇天成仙）的問題，他答道：

> 道德，公也；輕舉，公中私也。時見其私，聖人存教，若求生徇，乃似繫風。
> （追求道德，這是合乎公義的；追求升天成仙，這就是在公義中夾私欲了。正是因為常常看到人們的私欲，所以聖人把輕舉納為教化的內容之一。但是如果把輕舉作為畢生的追求，那就是把自己託付給飄浮不定的風了。）

玄宗聽了，既是感動，又是驚奇，便下詔由李含光主持陽臺觀。

可能因為茅山離唐朝的政治和文化中心較遠，王遠知門下好幾代有名的道士都大量到外地活動，使得本山道觀的建

設有時反而被忽略，李含光發現當時「茅山靈跡剪焉將墜，真經密籙亦多散落」(《茅山志》卷二三〈茅山玄靜先生廣陵李君碑銘并序〉)，於是一再請求回茅山去修葺。唐玄宗很重視李含光，放他走後不久，又把他召回宮中。天寶六載（西元747年）他第二次回茅山，玄宗特詔將建於許謐舊居的華陽觀改名紫陽觀，供他居住；又禁止在山中採捕漁獵，不許食葷血的人進入。他努力蒐求散佚的楊羲、二許及陶弘景手寫的經書誥文，然後全部獻給了唐玄宗；其中經文缺13頁，玄宗又特派使者讓李含光親自補寫完畢。下一年，玄宗舉行受上清經籙的儀式時，就在宮中遙拜李含光為度師，賜給他「玄靜先生」的稱號，後來又下詔蠲免山上三處道觀附近400戶人家的官徭，其中紫陽觀200戶，太平觀、崇玄觀（大茅山下華陽洞口附近，南齊初年王文清創立的崇元館故址）各100戶，讓他們為道觀供給香火。以後玄宗還一再徵李含光進京。安史之亂爆發後即位的唐肅宗李亨，更加尊崇李含光，希望得到道教的佑助。這是茅山道團的社會地位最顯赫的時候，但也是盛極而隱含衰機的時候，下一步就要開始走向衰落了。

薛季昌與李含光同輩，他比李含光更早師從司馬承禎，據說是司馬承禎在南嶽時給他傳授三洞經籙的。他著有《道德玄樞》，其中編集了各家的妙注。唐玄宗曾召他入宮，請教道德。

後來的茅山上清宗將王遠知、潘師正、司馬承禎、李含光推為第十至十三代宗師。其實潘師正和司馬承禎都沒有在

茅山道觀主過事，我們甚至不知道司馬承禎是不是到過茅山，
而真正在茅山主事的王軌及其繼承人卻沒有得到承認。這也
是一個旁證，可以支持這樣一種推斷，即當時根本沒有所謂
茅山宗的概念，也就不存在茅山宗「宗師」的頭銜；當時的
確有一個高雅而受人羨慕的茅山道團，它的首領基本上都出
身於高門大族，與上層社會有天然的聯繫。但當時的茅山道
團是向道教全體精英開放的，以傳授全體道教徒共同尊奉的
教義中的最高層次──上清經法為特長，並不是一個嚴守門
戶的宗派。上述諸位的「宗師」頭銜只不過是後人追授的。
追授者感興趣的是借助於名人聲威為後來的茅山宗添彩，而
不在乎這些名人是不是具體領導過茅山的道團事務。

　　唐人李渤於貞元二十一年作《真系》，列舉道門經典法籙
的傳人12代，即楊羲、許翽、許黃民、馬朗、殳季真、陸修
靜、孫遊岳、陶弘景、王遠知、潘師正、司馬承禎、李含光；
其中馬朗、殳季真二人「幸會而不業」，實際傳「真宗之道」
的是其餘10人。《真系》為這10人立傳，是為道教傳人立傳，
而不是為茅山道團或上清經法傳人立傳，只不過是把上清經
法作為道教的代表而已，所以他不在乎這些人是不是在茅山
住過。李渤寫此書之前，茅山道團在李含光之後又經歷了兩
屆領袖，但這兩人不足以列為全國道教的主要代表，所以《真
系》也不為他們立傳。後來茅山上清宗把《真系》的名單稍
加改動後，作為本宗早期的宗師名單，就有些不倫不類了。

第四節　高雅的重玄理論

現代中國著名史學家陳寅恪在《馮友蘭中國哲學史下冊審查報告》（見其《金明館叢稿二編》，上海古籍出版社，西元1980年）中指出：

> 六朝以後之道教，包羅至廣，演變至繁，不似儒教之偏重政治社會制度，故思想上尤易融貫吸收。……一方面吸收輸入外來之學說，一方面不忘本來民族之地位。此二種相反而適相成之態度，乃道教之真精神，新儒家之舊途徑，而二千年吾民族與他民族思想接觸史所昭示者也。

漢魏時期，民間黃老道派雖然依託黃、老並追求「歸根」、「反本」，但基本上對老子的深邃哲理不感興趣，關心老子哲理的玄學家們，與佛教的關係遠遠超過與黃老道派的關係。玄學主流經過西晉時期貴無與崇有的爭論，到東晉時期努力探索克服有、無的對立的新思路。這就成為一種新思潮——「重玄」理論的邏輯起點。

所謂重玄理論，乃是借用《老子》「玄之又玄」一語，表

示既不滯於有、又不滯於無的一種玄通圓融境界。《老子》原文只是說:「常無,欲以觀其妙;常有,欲以觀其徼。此兩者同出而異名,同謂之玄。玄之又玄,眾妙之門。」這句話中對於「有」、「無」都有所肯定,並沒有把它們當成「執著」而要加以排遣的意思。《莊子》主張「有有也者,有無也者,有未始有無也者,有未始有夫未始有無也者也」(〈齊物論〉),主張「墮肢體,黜聰明,離形去知,同於大通」(〈大宗師〉),才是鮮明地反對執著的。西晉玄學家嵇康說:「寧如老聃之清淨微妙、守玄抱一乎?將如莊周之齊物、變化、洞達而致逸乎?」(〈卜疑〉)他在這裡注意到了老、莊思想風格上的差異。魏晉之際玄學家轉老入莊成為普遍現象。

這時佛教的大乘中觀理論已經開始傳入漢地,中觀理論的奠基者龍樹進一步發揮《般若經》中關於「空」的思想,認為空是「非有、非無、非亦有亦無、非非有非無」,就是不能用言語分別、不能用概念親證的一種最高存在;為了破除世俗名言概念的遮蔽,他提出了四對範疇作為人們認識事物的依據,是為「八不」,即「不生亦不滅,不常亦不斷,不一亦不異,不來亦不出」。這是抽象程度比較高的辨證思維。東晉時代,玄佛結合成為哲學主潮,鳩摩羅什曾注《老子》,其中第四十八章注云:

　　損之者無粗而不遣,遣之至乎忘惡,然後無細而不去,去之至乎忘善。惡者非也,善者是也。既損其

非，又損其是，故曰損之又損，是非俱忘。情欲既
斷，德與道合，至於無為，已雖無為，任萬物之自
為，故無不為也。（見於李霖《道德真經取善集》）

　　這是用中觀學的「雙遣有無」的要領釋老子的「損之又
損」、「無為而無不為」及莊子的「兼忘」。而東晉南北朝隋唐
佛、玄、道教所談重玄理論，正是以莊解老而又接通佛學般
若中觀思想的產物。四川大學著名教授蒙文通作《道教史瑣
談》（見其《古學甄微》，巴蜀書社，西元1987年）指出：

　　重玄一宗，始於孫登，殆即答孫盛之難，……雙遣
　　二邊而取中道，則已顯為釋氏中觀之旨也。正始清
　　談，東晉而下，湮滅不聞，然道家則依然盛行，及
　　觀二孫論後，乃知重玄宗出，清談遂微，宜矣。

　　以《莊子》、《列子》為代表的一些先秦道家，雖借神仙
觀念表達其精神超越理想，但不真信神仙。先秦兩漢神仙方
士一般重術而不重思。神仙方士中內煉一派借用老、莊精神
修持方法，發展成技術化的操作模式。《老子》講「守一」（「十
章」），大約是指一種精神寧靜、意念集中、神氣混然的狀態。
神仙方士則往思神的方向發展，但其中也有些人因凝神而體
悟到某些超逸的旨趣，遂由神學信仰之玄向老莊哲理之玄昇
華。上清派的《真誥》有意識地吸取了佛、玄之義。靈寶派

全方位地借鑑佛教，明顯地比以前的民間黃老道派更注重心性的修養和內在的精神追求。上清派、靈寶派追隨玄學的轉老入莊趨向，開始推崇莊子。後來道教遂稱《莊子》為《南華真經》。

南北朝新道教中，發揮老學及闡述道體、道性問題的著名道士，南朝有陸修靜、顧歡、陶弘景、諸揉、宋文明、孟智周、孟景翼、徐素、臧矜等，北朝有劉仁會、韋節、梁曠等，雙遣兼忘重玄破滯的思想方法被他們用得愈來愈圓熟。這些研求義理之學的道士儘管有取於佛學，但依然立足於中國傳統哲學本位；莊子的「無」乃是指「道」不能確定或不可概念化的意思，不同於釋氏的虛空幻化。不同於佛學在相互否定的意義上統一有無，道教義學在相互肯定的意義上追求二者的統一，在感知意義上認道體為「無」，而在存在論意義上肯定道體為「有」。到了隋代出世的《太玄真一本際經》（託為元始天尊宣講，唐釋玄嶷《甄正論》指為隋道士劉進喜造，李仲卿續成），道教重玄學便初步確立起來。這部道經不僅明確地闡述了重玄學思維方法，認為「於空於有無所滯著，名之為玄，又遣此玄，都無所得，故名重玄，眾妙之門」，而且還以這種重玄思維方法闡釋道體、道性和修道等問題，從而比較全面地體現了道教重玄學可以成為一個相對獨立的學術思潮的基本特徵，也由此揭開老莊道教重玄學在唐代勃興的序幕。

中觀學說講「空」、「有」，重玄學說講「無」、「有」，都

採取了「非有非無」的論式，但雙方仍有本質上的差別。道教重玄哲學仍是立腳於中華文化天人合一、虛實相即的整體性宇宙觀和注重實際、注重現實生活的傳統之中的。重玄哲學在道教內的發展，使道教不復是原民間黃老道派粗陋不文的形態，而開始在精英文化圈獨樹一幟。道教重玄學越是發展，關注和參與道教發展的文化精英人士也就越多，道教在社會地位上與儒、佛兩教的差距也就越是趨於縮小，道教與道家的區別也就不再那麼明顯，將二者混為一談的習慣也就越來越流行。正是因為成功地創建了以重玄學為基本形式的相對完整的宗教哲學，道教才能在南北朝時代全方位學習佛教而又不至於泯滅了自我，並能在隋唐時代中華第二帝國的正統思想舞臺上穩踞一席，而與儒教、佛教分庭抗禮，共襄中華盛世。

　　重玄學作為心性修養的理論，原本與著重修身實踐的神仙術關係不大，在南北朝新道教的教義學中不算主流，但也或多或少地引起了道教主流領袖們的注意。陶弘景對重玄破滯的思路頗有心得，但他的興趣主要在養生之學和宗教實踐。王遠知繼承了臧矜的重玄學和陶弘景的養生學兩個學術傳統，但他在社會政治活動方面陷得太深，沒有在理論研討方面多下功夫。他的高徒潘師正開始大力研討重玄理論，主要闡發了「道性」問題。

　　司馬承禎把重玄學說與修煉實踐結合起來，提出獨特的「坐忘」理論。坐忘原是莊子的話，指一種物我兩泯、內外

俱忘、神歸虛寂的修煉境界。司馬承禎在上清派存想術的基礎上進一步發揮，把坐忘作為一種修心煉性的高級功法。「坐忘者，因存想而得也，因存想而忘也。行道而不見其行，非坐之義乎？有見而不行其見，非忘之義乎？何謂不行？曰：『心不動故。』何謂不見？曰：『形都泯。』故天隱子瞑而不視，或者悟道，乃退曰：『道果在我矣。我果何人哉？天隱子果何人哉？』於是彼我兩忘，了無所照。」（《天隱子》）道教歷來特別注重修煉行為，以方術見長，但是方術如果沒有理論的充實和闡發，就很難給道教提供健全的生命力。早期重玄學說主要是道家學者的產物，多偏重於義理，後來逐漸把重點轉到心性修養，但是也主要是闡發理趣，沒有真正落實到修煉實踐。司馬承禎的坐忘主靜思想，既有理論性，又有可操作性而不流於空談，就把重玄學說與修煉實踐結合起來了。這種結合，對後代影響很大。

吳筠（西元？～778年）與李含光同輩，曾在嵩山拜潘師正的另一個門徒馮尊師為師，又曾經被唐玄宗召入宮廷，擔任過「翰林待詔」。《玄綱論》是他的代表作。與司馬承禎略微不同，吳筠對具體的養生方法談得比較少，主要著眼於建構一種融合重玄學與仙道的理論體系。他認為修性是歸根復命以至長生的根基，而重玄老莊之學正是教人修性。他在性命雙修的意義上將重玄學與仙道結合起來，形成了後來內丹性命之學的基本觀念。

司馬承禎和吳筠在重玄學方面的創造性貢獻，實現了重

玄學與修仙實踐的結合，進一步擴大了茅山道團的影響。從前道教的修煉具有非常明確的目標，就是要白日飛升，肉身成仙。但是，重玄思想的滲透，使道教的修煉不再那麼執著於肉體生命的改造技術，而更加重視精神素質的提高。司馬承禎把陰陽術數稱為「異端」，李含光不肯同唐玄宗討論「輕舉」問題，都反映了這一點。署名司馬承禎的道書《天隱子》中說：

> 人生時，稟得虛氣精明通悟，學無滯塞，則謂之神。
> 宅神於內，遺照於外，自然異於俗人，則謂之神仙。
> 故神仙亦人也，在於修我虛氣，勿為世俗所論折，
> 遂我自然，勿為邪見所凝滯，是成功矣。

就是說，神仙也是人，只不過保持了精神上的精明通悟，而沒有被世俗和邪見的干擾所破壞。所以，修仙就是修精神。那麼，歷來道士們為改造肉體而苦苦探索的許多的方術，例如煉丹、畫符、導引、行氣、房中、守一、存想之類，就都可有可無，沒有太大的意義了。這實際上是對道教傳統神仙觀念的大否定，只不過沒有把話說透而已。

第五節　不肯畫符的高道

　　上元三年（西元676年）春天，49歲的唐高宗李治巡幸東
都洛陽，聽說先朝高道王遠知的門徒潘師正在嵩山逍遙谷隱
居修煉，便到嵩山舉行禮拜儀式，順便召見了已經91歲高齡
的潘師正。李治請這位上清經法權威為自己作符書，沒想到
潘師正竟然回答「不解」，就是說不懂、不會做。這是怎麼回
事呢？

　　「符書」就是「符」，「符」和「籙」總稱「符籙」。符本
來是古代軍隊和官府中使用的一種憑證，是把刻寫有文字的
竹片、木版或其他物品，分為兩半，以檢驗兩半能不能相合
來判斷其中一方身分的真偽。古代巫師和方士模仿這種形式，
想像他們的寫有神祕奇異文字的物件可以作為溝通神鬼的憑
證。籙指竹片之類物件上用文字做的記錄，符上的文字就是
籙；後來道士把符上記錄所謂天曹官署佐吏之名的文字特稱
為籙，而把符上除這種籙文之外的奇異符號和圖形特稱為符，
但兩種概念的界限並不嚴格。五斗米道等鬼神道派以符籙術
為主要手段。神仙道士一般都強調依靠自身的努力，不那麼
重視鬼神威力，但通常也把符籙作為求仙的輔助手段，上清
派、靈寶派都有各具特色的符籙。

　　魏晉天師道為了維持教主的權威，設計了一套道官等級制度，每一個等級都以一定的籙文為標誌，於是籙文取得了比符更重要的意義，在符籙組合中往往成為主體。唐代道書《三洞珠囊》卷六〈清戒品〉引《正一法文》下卷說到：

　　　　凡為道民，便授護身符及三戒，進受五戒八戒，然
　　　　後受籙。

　　這段文字見於現存《道藏》中的《正一法文外籙儀》，這部《正一法文》的殘卷還說到天師道的籙位與等級的層次和授受標準：

　　　　凡受〈更令〉五年，得受〈一將軍〉。四年，〈十將
　　　　軍〉。三年，〈七十五將軍〉。二年，〈百五十將軍〉。
　　　　一年若志行庸愚，無長進者，悉又倍年。三倍無功，
　　　　不知建德，直置而已，都不合遷。其中聰明才智秀
　　　　異，功德超群，不計年限。

　　就是說，籙位是按照一定的年資及相應的功德逐級升遷的，升遷的年限還可以依據功德做一些調整。
　　陸修靜締造的新道教，採納和推廣了天師道的籙位與等級制度，更加強調籙文的意義。《洞玄靈寶道士課中法》說：

> 籙者戒錄情性，止塞愆非，制斷惡根，發生道業，
> 從凡入聖，自始及終，先從戒籙，然後登真。

這是把籙文作為幫助道徒自我約束和修煉的一種法寶。
《正一修真略儀》說得更具體而又更神奇：

> 籙以檢劾三界官屬，御運元元，統握群品，鑑鷥罪
> 福，考明過功，善惡輕重，紀於簡籍，校誠宣示之
> 文。掌覺靈圖，推定陽九百六天元劫數。又當詔令
> 天地萬靈，隨功役使，分別仙品，眾官吏兵，億乘
> 萬騎，仙童玉女，列職主事，驅策給侍之數目。浩
> 劫無窮，太上十方至真眾聖，皆互秉師資，結盟受
> 授，從俗登真，永葆生道。

就是說，各種等級的籙文都與一定的神靈相聯繫，具有
號令這些神靈的威力；還能鑑別和記錄神靈及持有籙文的修
煉者的功過，給以相應的賞罰；還能替持有籙文的修煉者推
定「劫數」（就是所謂宇宙發展變化的某種與人類命運有關的
週期）；不但是一般的道士，就是高級的神仙，也都毫不例外
地授受籙文。

隋唐時期，道教把這種法力無窮的籙文通稱為「法籙」，
等級界限相當嚴格。如《正一威儀經》說：

受道各依法位尊卑，不得叨謬，即俗人不得與清信弟子同坐；清信弟子不得與清信道士同坐；清信道士不得與正一道士同坐；正一道士不得與高玄法師同坐；高玄法師不得與洞神法師同坐；洞神法師不得與洞玄法師同坐；洞玄法師不得與洞真法師同坐；洞真法師不得與大洞法師同坐。登壇行道、齋戒講說、私房別室、行住坐臥，以此位號為其尊卑。上中下座宜相咨白請益，決當自謙下，敬重法教，勿損威儀。

據北宋初年孫夷中《三洞修道儀》總結：

三洞科格自正一至大洞凡七等，籙有一百二十階，科有二千四百，律有一千二百，戒有一千二百，仍以四輔真經以佐之，為從凡入聖之門，助國治身之業。

上清法籙在唐代道教法籙中地位最高，據說這些法籙威力極大。例如屬於玉清部第一階品的「太上帝君金虎符籙」，又名「太微天帝君金虎玉精真符」，據說是由太微天帝君傳授給金闕帝君，由小有王君抄出流傳世間，內容涉及天魔隱諱、萬神內名，主要是三鬼王（六天大鬼、北帝魔王、北酆鬼相），只要呼喚他們的隱名，或佩帶這件符籙，就可以差遣天仙神

人，呵叱群靈，使百邪不得危害生靈。

作為一種高級宗教，道教為南北朝隋唐社會提供了一種可供選擇的超越理想，這是它能在當時與儒、佛兩教鼎足而立的根本依據。但是古代非科學的社會需要求助於宗教的，除了高層次的超越理想以外，還有大量的日常生活需求問題，這些問題本來應該通過人們自己的實踐來解決，但是往往比較困難，甚至按當時的社會發展水平還無法解決，所以希望借助於宗教所宣揚的超自然能力來比較簡便地解決這些問題。符籙就是用來直接代表超自然的神力的。道教如果只注重超越理想，而不對這些日常需求問題給予適當的重視，就容易曲高和寡，脫離基層群眾；但是如果過多地以所謂神力去處理群眾的日常需求問題，就會在庸俗迷信的泥坑中陷得太深，損害自己在上流社會的高雅形象。陶弘景致力於道教形象的雅化，著重精神修養，所以對金丹、符籙、章書、醮謝等企求立竿見影解決具體問題的方術，他都評價不高。他開創的茅山道團成為道教最高層次的代表，除了擅長上清經法以外，在唐代又致力於重玄理論的建構，就更加不願意被人看俗了。因此，他們一方面也宣揚上清法籙的威力，以吸引民眾，另一方面又不願意人們過分注意上清經法的法籙，而忽略了它高雅的終極目標。

唐高宗請潘師正作符書，是企圖借助於高檔的上清派符書的神力為自己個人帶來好處。潘師正作為王遠知的得意門生，當然不可能不解符書。他之所以拒絕皇帝作符書的請求，

一方面就是希望皇帝不要貪求庸俗的個人福利，而應該注重高雅的終極追求，另一方面也是希望維護上清經法的高雅形象，不願意讓人把茅山高道看作一般的江湖術士。

第六章
獨立宗壇一脈尊

由於劉混康與宋廷的密切關係
宋哲宗下了敕令，正式承認茅山宗在道教中的正統地位
茅山宗的組織體制完全穩定，並列為三大主流道派之首

第一節　安史亂後茅山道團的相對消沉

　　李含光主持茅山道教的後期，正逢一場翻天覆地的「安史之亂」，他除了尊奉唐肅宗之命在茅山「修功德」之外，也是一籌莫展。安史之亂後期即位的唐代宗，對茅山道團再沒有表現出什麼特別的興趣。大曆四年（西元769年），李含光去世，茅山道教事務由76歲的韋景昭繼續主持。

　　從安史之亂打亂隋唐帝國的正常秩序以後，庶族地主階級逐漸壯大起來，門閥士族趨於消亡，作為道教貴族化標誌的三洞四輔判教體系也開始瓦解，上清經法作為道教最高經法等級的地位逐漸不能維持。這一時期，茅山在道教界的重要地位有所下降，茅山道團與皇室的直接聯繫也未能保持。在全國範圍內越來越多的道團迎合群眾的喜好，著重於符籙與齋醮科儀，還出現了一些以某一種或一類經典核心而趨向於宗派化的特色道團。例如在巴、蜀一帶出現了一個以傳授所謂葛玄降授的《鎮元策靈書》、講究內煉功夫為特色的道團；以正一符籙為特色的張天師世家，也開始以龍虎山為基地嶄露頭角；在麻姑山（在今江西南城縣西南）一帶還出現了一

個鄧天師世家，組成了一個以傳授《北帝經》及「北帝豁落七元符」、行辟邪禳禍之事為特色的道團；甚至茅山道團的首領黃洞元也學過北帝經籙，並傳給弟子何元通。茅山道團整體上的文化素質表現出下降的趨勢，潘師正、司馬承禎、吳筠等人發揮的重玄教義，在茅山道團中已經後繼乏人。而茅山道團之外，一些有文化的道士已經開始以《周易參同契》的理論框架為基礎，接過吳筠等人的性命雙修理論，形成了內丹性命之學，從而開闢了教義發展的新方向。

內丹術是在道教內養方術基礎上吸收煉丹術理念形成的，它依據傳統的「天人合一」觀念，認為修道者可以以人體為爐竈，以精、氣、神為原料，煉成大丹，從而長生成仙；有學者認為它可以追溯到東漢江表魏伯陽的《周易參同契》。唐代中期的張果已經以內丹著名。唐末五代時期，以深入闡發《周易參同契》為契機，吸收重玄學性命雙修思想，興起了內丹發展的高潮，中心大抵是北方關中等地（今陝西省一帶），鍾離權、呂岩、陳摶都是著名的代表人物。鍾離權、呂岩對傳統的外丹黃白之術作了批判，斥為「旁門小術」；他們也許只是傳說中的人物，但是後來的內丹派把鍾呂名下的著作作為主要的理論依據。內丹思想在此後的道教理論發展中，將要發揮越來越大的作用，而茅山道團在這方面卻沒有顯示出創造性，也就無法在道教思想領域保持主導地位了。

在傳授上清經法方面，茅山的權威地位也已經不能保持，而由茅山道團分化出去的一支以南嶽衡山和天台山為主要基

地的道團卻異軍突起。這一道團是從司馬承禎在南嶽傳薛季昌開始的，薛季昌傳田虛應，田虛應於唐憲宗元和（西元806～820年）中遷居天台山，唐代後期江表傳三洞之法的，幾乎都以田虛應為祖師。他的門徒以馮惟良最著名；馮惟良傳應夷節，應夷節傳杜光庭。杜光庭在道教文化史上是對此前做總結、並對其後有啟發的大人物。

　　道教人士逐漸不再重視官方把上清經法作為學道最高階段的規定，也就不再把茅山看作提高層次的進修聖地，茅山道團雖然主觀上還是願意向天下的高道開放，但是客觀上已經越來越下降到一般的自我封閉的宗派小集團的水平了。國家政權對茅山道團的支援不再能保持從前的水平，道團出於經濟的考慮，就不能不向普通民眾的世俗要求靠攏。這樣，茅山道士們從前對於符籙的輕蔑態度也就難以維持了。隨後雅化的茅山道團逐漸變為俗化的茅山宗，符籙也就逐漸成為茅山道士掙飯吃的主要手段之一了。

　　《茅山志》卷十～十二〈上清品〉有茅山上清宗壇歷代宗師的傳記，其中把韋景昭、黃洞元、孫智清、吳法通列為第十四至十七代宗師。

　　韋景昭（西元694～785年）是丹陽郡延陵縣（治今江蘇丹陽市延陵鎮）人，也是名門的後代，是王軌一系的傳人，《茅山志》本傳說他「初度於延陵之尋真觀，師事包士榮，士榮師崇玄觀包法整，法整師包方廣，方廣師王軌」；不過他也不是一直在茅山活動的，他曾一度「居長安肅明觀，至天

寶中，奉詔侍玄靜先生歸茅山」。他在茅山似乎也無所作為。臨終前他向門弟子宣布，即將就任「上清仙伯」。

　　黃洞元（西元698～792年）是李含光的門徒，曾外出多年，在韋景昭去世前一年才從廬山回到茅山，八年後也去世了。黃洞元之後的一個時期，茅山道教似乎情況比較混亂，沒有一個全面負責的當家人。《茅山志》所說的第十六代宗師孫智清，唐文宗大和六年（西元832年）才出任「山門威儀」，這時離黃洞元去世已經40年了。

　　孫智清是黃洞元的徒弟，生卒年不詳；他重新整頓了秩序，重建了長期中斷的茅山道團與皇室的直接聯繫，他出任山門威儀的第二年就「奏請重禁採捕，四時祭祀咸絕牲牢」（《茅山志》本傳），就是請朝廷下令嚴格禁止在茅山任意採摘、伐木和捕獵，以保護生態環境，同時禁止在茅山的四時祭祀中使用肉食品。接到朝廷敕書以後，他就刻成石碑立在紫陽觀。唐武宗李炎的宰相李德裕曾拜他為師，唐武宗還曾請他主辦生神齋，為此修了一座九層寶壇。唐武宗是唐代後期最崇敬道教的皇帝，但是他最推崇的道士不是孫智清，而是道學博士趙歸真和衡山道士劉玄靜，劉玄靜是田虛應的門徒。

　　孫智清的徒弟吳法通（西元825～？年）推進了茅山道團與皇室的關係，唐僖宗李儇曾於乾符二年（西元875年）「遣使受大洞籙，遙尊稱為度師」。天祐四年（西元907年），形同傀儡的唐哀帝李柷被迫禪位給朱溫，唐朝滅亡，吳法通也在

這一年「不知所往」，據說是「潛入岩洞」了。看來，唐代茅山道團對李唐皇室已經形成了很大的依賴性，因而唐朝的滅亡使茅山道團的首領感到極為震驚，甚至是無法忍受的失落。

茅山道團也確實因為唐朝的滅亡而出現了相對衰落的局面。在動亂不休的五代十國時代，茅山相繼處於吳、南唐兩國統治之下。《茅山志》把劉得常、王棲霞、成延昭列為茅山宗第十八至二十代宗師。劉得常（生卒年不詳）是吳法通的徒弟，他作為茅山道團領袖，「居紫陽觀二十年，不逾戶闑」，顯然是無所作為。

王棲霞（西元892～953年）是北方人，據說七歲就參加科舉考試合格，號稱神童；後來避亂南下，投到聶師道門下學道；聶師道是南嶽道團的傳人，而當時割據淮南的吳王楊行密對聶師道極為尊崇；王棲霞後來又到茅山，在當時擔任威儀的鄧啟遐門下學習了大洞經訣；適逢楊氏割據政權（後稱吳國）委派徐知誥出任昇州（治今江蘇南京）刺史，他特別崇信道教，便把王棲霞請去了。徐知誥後來稱帝，建立南唐，改名李昇，自稱唐朝皇室的後裔。王棲霞住在南唐首都，受到皇室的尊崇。據《十國春秋・南唐列傳》記載，有一天李昇問王棲霞：「何道可致太平？」王棲霞答道：「王者治心治身，乃治家國。今陛下尚未能去饑嗔飽喜，何論太平。」這是強調心性修養，還是與唐代前期茅山道教的傳統一脈相承的。他直到去世才歸葬雷平山。

成延昭（西元912～990年）是王棲霞的門徒。王棲霞去

世後，南唐元宗李璟迷信方術，對或多或少保持著清高傳統的茅山道團沒有再表現出特別的熱情。《茅山志》本傳說成延昭「氣秉純素，不染世塵」，也就沒沒無聞，直到宋太祖開寶八年（西元975年）「平江南後，刑部郎中知昇州楊克讓請師為茅山威儀，兼昇州道正」，他才算出頭露面。「州道正」是代表政府管理一州道教事務的道官，當時可能要住到昇州城裡去辦公。但是時間不長，就又「辭還紫陽舊居」，大概是辭去了昇州道正的職務，因而搬回茅山紫陽觀了。

　　唐代前期道教各地道團在教義和組織原則方面的基本一致，很大程度上是依靠帝國統一政令支援的結果。但是安史之亂以後，帝國中央政權對地方的控制力大大削弱，國家對七部判教體制的支援力度也就相應減弱，各地道團也就不免越來越自行其是，任意簡化學道晉升的程式，客觀上越來越分裂為不同的宗派。不過在主觀上，有的道團是積極主動地衝擊七部判教體制，較早建立自己獨特的宗派體制，有些則是消極被動地隨波逐流，宗派體制遲遲不能定型。茅山道團的宗派體制是如何形成的，我們從現有的文獻上已很難弄明白。不過可以推斷，茅山道團是舊判教體制的最大受益者，他們多半會盡力把舊體制堅持到最後一刻。中晚唐時期，茅山道團對李唐皇室支援舊判教體制仍然抱有希望。五代十國時期，先是控制茅山地區的楊氏政權在唐哀帝退位後，仍然堅持奉唐朝年號十一年（西元907～918年），後是取代楊氏吳國的南唐（西元937～975年）仍然使用唐朝的名義，這些都

使得茅山道團仍然不容易放棄振興舊判教體制的希望。從《茅山志》所列的這段時期的宗師名單看，存在一些疑點，一是黃洞元與孫智清之間有空缺，王棲霞和成延昭之間似也有空缺；二是從孫智清和成延昭的本傳看，道士出任茅山威儀一職，就有了管理全山道務的權力，可是王棲霞之前的鄧啟遐（傳北帝經籙的鄧天師家族的後人）明明擔任過茅山威儀，卻不在宗師名單之內。可見這份名單仍然是後人擬定的，不是歷史真相的記錄。茅山宗及其宗師的概念，當時仍然還沒有確立。

第二節　朱自英和茅山宗的正式形成

　　《茅山志》把蔣元吉、萬保沖、朱自英列為茅山宗第二十一至二十三代宗師。

　　蔣元吉（西元？～998年）是成延昭的門徒。宋太祖趙匡胤對道教的政策主要是加強控制，宋太宗趙匡義注意利用道教，但他的興趣主要在於利用某些標新立異的道士，編造新的神話與神格，以構擬一種能夠更直接地為趙宋皇室服務的道教新模式，而對代表道教舊體制的茅山道團不怎麼重視。

因此，成延昭在這種政治氣氛中難有作為，這也許是他辭去
州道正職位的原因；蔣元吉也同樣沒有什麼重要活動。不過，
趙匡義也沒有完全忽視茅山道團，至道二年（西元996年）二
月，因為內侍裴愈上言茅山道觀共有9處，有水田300頃，一
併免田租，他便令茅山所跨的金壇、句容兩縣，收上來的錢
糧除安排開支以外，都儲藏起來，以備茅山修葺及三元節日
齋醮儀式之用。

　　萬保沖（生卒年不詳）是蔣元吉的門徒，蔣元吉臨終之
年才向他傳了「上道」。據說他「專善採服日霞之法」，活了
92歲；曾經奉宋真宗的詔書作祈禱，被認為很有效果，因此
真宗用璽書賜給他「沖素先生」的稱號。在這段時期，趙宋
皇室開始與許多道士和道團展開交往，茅山雖然也沾上了邊，
但已經相形見絀。

　　朱自英（西元976～1029年）是茅山宗形成時期值得我們
注意的一個關鍵人物。他是句曲本地人，12歲到茅山紫陽觀
出家學道，不久離開師傅，與張紹英結伴，在積金山上修煉，
後來又離開張紹英，外出雲遊。回山之後，29歲便「嗣教」
成為茅山宗的宗師。按照傳統，茅山道團的領袖原則上都是
按照七部判教體系逐級升遷到了最高層次的高道，這種升遷
通常需要長年累月，因此這些領袖幾乎都已屆高齡。像朱自
英這樣29歲的年輕領袖，是茅山道教前所未有的，這可能標
誌茅山道團體制發生了重大變革，再不拘泥於七部判教體制
了。這樣，茅山道團就不必再因為把自己看得太高而脫離現

實，就可以放下架子，也作為一個宗派，平等地與當時道教內已經很活躍的各宗派進行交流與合作，切實地順應環境的需要而調整自己的內容與形象。這樣重大的變革，老齡高道包袱太重，難以實行，只好由一位勇於創新的年輕人來擔當。因此，我們可以把朱自英看作茅山宗第一位名副其實的宗師；此前22代的宗師稱號，可能就是他坐上宗師席之後，仿照張天師世家的先例而追加認定的。認定的標準，大概是在實際的師徒授受關係的基礎上，依據有關人選的社會地位與影響做一些調整。我們看《茅山志》，卷二五有《宋天聖皇太后受上清籙記》，碑題下有小字「上清大洞宗師賜紫臣朱自英撰」，碑文末落款也有小字「臨壇度師上清大洞宗師賜紫臣朱自英撰」，如果不是後人的添改，那就證明朱自英確實是把自己稱為宗師了，茅山在他之前沒有人這樣自稱過。

他當上宗師後不久，就與皇室拉上了關係。他為宋真宗趙恆禱神求子，第二年皇子趙禎（後來的仁宗）就誕生了。景德四年(西元1008年)，深感遼國威脅的趙恆為了提高威信，利用道教觀念導演「天書」降臨的神話鬧劇，特為改元「大中祥符」，這一年又下詔，天下宮觀陵廟只要是名在地志、功及生民，一併加以崇祀；將茅山道教的總部紫陽觀改名「玉晨觀」，太平觀改名「崇禧觀」。並下敕令，在京城建昭應宮（後來定名「玉清昭應宮」）供奉所謂天書。次年詔令各路、府、州、軍、監、關、縣普遍建立道觀，都以「天慶」為名。朱自英被調任玉清昭應宮住持，後來辭職回山，朝廷特地按

照他的請求，在山旁建立「常寧鎮」，作為「遊客行商息肩之所」。大中祥符五年（西元1012年），趙恆聲稱夢見神人傳玉皇的話，說天書是玉皇令趙氏祖先授與的，於是又搞出一場「聖祖」降臨的神話鬧劇，並為所謂「聖祖」趙玄朗加尊號，其後又為玉皇加尊號。大中祥符七年，崇元觀也奉敕改名「崇壽觀」。

趙恆末年久病居於宮中，政事多由機敏幹練的劉皇后決定；仁宗即位，劉皇后成為皇太后，又垂簾聽政十一年。就在垂簾聽政的第三年，即天聖三年（西元1025年），皇太后決定歸依道教，遙尊朱自英為「度師」，張紹英為「保師」，舉行了隆重的受上清籙的儀式。朱自英和張紹英分別獲得「觀妙先生」和「明真先生」的稱號，劉皇后還賜給他們各自創建一座道觀的特許權利，以作報答。於是朱自英在陶弘景的「鬱崗齋室」故址建立了「集虛庵」，不久改名「乾元觀」；張紹英在積金山上自己的隱居修煉處所建立了「延真庵」，後來改名「天聖觀」。可惜朱自英只有53歲就去世了。

正因為朱自英的地位如此特殊，所以他的經歷早就被蒙上了一層特別的神異色彩。《茅山志》卷二五收錄有《茅山第二十三代上清大洞國師乾元觀妙先生幽光顯揚之碑》，是他死後60年由他的門徒和崇拜者追立的。據碑文說，「先生幼生村野，未始目吾儒經史與夫道家仙籍，間焚香誦六經、百子、三乘、三十六部，衮衮不絕口」，真是不學而知的神童。又說他雲遊到劍門道時，遇上仙人陳鐵腳，談到陶隱居因有「浮

名」而練不成丹，「遂不成白晝騰踏，乃從狗竇一過」，勸他
「潛晦光耀」，又對他說：「隱居告餘，七百年後當有赤子出
於茅山，殆此應矣！」就是說，這個仙人看出他是七百年前陶
弘景預言的人，言下之意，他就是陶弘景的繼承人，是注定
要擔當振興茅山道教使命的。陳鐵腳帶著他閉眼之間上了青
城山。又說他在老子故里遇見一個姓武的乞丐，帶他閉眼之
間去了河中府（治今山西永濟市蒲州鎮），然後自稱「水星童
子」，說朱自英此一行已抵得「度形太陰」（仙家認為修煉者
經過「太陰煉形」以後，就已經死而復活，不再是凡胎肉體），
但要求他「幽屏不厭深岈」。又說他去世前不久接到署名「道
士武抱一」的書信，責備他「姓名顯耀、天機暴露之咎」，提
醒他早點抽身。於是他趕緊煉丹，但是剛一煉成，鼎就翻掉
了，他只好歎道：「桑榆既迫，狗竇一過信矣！」就是說，時
間緊迫，已經來不及煉丹了，只好走像鑽狗洞一樣卑賤的「尸
解」之路了。這樣，朱自英為什麼不得高壽，就有了一個令
崇拜者滿意的解釋。

　　朱自英對於成仙的理解，還是飛昇、丹鼎、尸解之類，
屬於漢、晉的舊模式，沒有採納新興的內丹理念，似乎仍然
有志於發揚上清經法的傳統特色，他對經典和教義理論的建
設有所注意，雲遊期間特地在亳州（治今安徽亳州）老子故
里「校讎太清宮古藏經」；《道藏》現存六卷本《上清大洞真
經》正文前有朱自英的序。他的徒眾以強調傳統的口吻明確
宣布：「道藏三洞四階靈文寶籙，實金繩玉檢之祕傳大法，自

魏南嶽以降逮先生凡二十有三代。」(〈觀妙先生幽光顯揚之碑〉)

第三節　劉混康和茅山宗體制的穩定

　　毛奉柔(生卒年不詳)是朱自英的門徒。他主持茅山道務時，正是仁宗親政的時代，朝廷崇道與以前相比有所收斂，因此他沒有突出的表現，只是在積金山陶弘景當年道靖(隱居修道的小屋)故址結庵隱居。他也似乎遲遲找不到合適的接班人，直到嘉祐八年(西元1063年)底，見到前來訪道的常州泰和觀道士劉混康，他才覺得滿意，兩三年內把三洞經法全部授給了劉混康，然後不久就去世了。

　　劉混康(西元1036～1108年)是茅山宗形成時期的又一個關鍵人物。他是常州晉陵縣(治今江蘇常州城)人。作為一個約30餘歲剛進入壯年的人，他初到茅山不久就成了一代宗師。他也在毛奉柔結庵的地方結庵一所，自己住下。《茅山志》本傳說，他的庵所在的積金山，人們常常看見有五色雲霧結為樓殿，因而非常驚奇。一天，忽然有三個道士來到他的簡陋住處，指著庵內東邊對他說：「你就住在這裡，好生保

持精神，緊守中和之氣，以德惠廣被眾人，就可以無愧前人了。」又細看他的眉間說：「這是無為之地，道所崇尚的部位，不可以有缺陷。」於是用手為他撫摩。第二天，他眉間原有的瘢痕就沒有了。

這顯然是神話。這種神話的產生和流傳，曲折地反映了他在茅山宗的重要地位。也可能他在這裡確實經歷了一些神祕的宗教體驗。

他改換門庭到茅山來，就是想繼承「朱自英之道」，但他繼承朱自英的，主要不是發揚上清經法傳統特色的方面，而是順應形勢靈活變通的方面，而他也確實發揮了比朱自英更大的社會影響力。神宗時他就已經名聲在外，據說王安石病重時，他的夫人吳氏就特地令人到茅山拜見劉混康求助。哲宗元祐元年（西元1086年）孟皇后將針誤吞入喉，醫生都沒有辦法，連忙從茅山請來劉混康，結果是「服符嘔出，針刺符上」，於是哲宗趙煦賜給他「洞元通妙法師」的稱號，命他擔任京師「上清儲祥宮」的住持。

劉混康為孟皇后服符取針的情節，不大合乎常理。因為喉中取針是一種緊急手術，而北宋的東京開封府城離茅山數千里，以古代的交通條件，差人往返要費多少時日？不管是名醫還是高道，在附近一帶多的是，何必一定要老遠去找一個當時名氣還不算突出的劉混康？西元1970年在茅山東南麓發現一塊題為《宋葆真觀妙沖和先生贈大中大夫劉公幽廓記》的墓誌，笪淨之作文，其中說到墓主的簡歷有：「紹聖初，詔

赴闕，賜洞元通妙大師」，根本沒有元祐元年入京為孟皇后服
符取針這件事；笪淨之是劉混康的愛徒，劉混康進京獲洞元
通妙大師稱號這一次，他是陪同去的，他的這一陳述應該更
可靠，也許服符取針的故事只是民間的謠傳。不過，這種謠
傳仍然有史料價值，它可以使我們知道，原先茅山高道鄙視
符籙的傾向，到宋代已經大變，社會上已經把符籙看作茅山
道士的特長，而茅山宗也是歡迎這種謠傳的。

　　據《茅山志》本傳，紹聖四年（西元1097年）趙煦又敕
令江寧府（治今江蘇南京），將劉混康的「潛神庵」改建為大
型宮觀，賜名「元符觀」，又「別敕：江寧府句容縣三茅山經
籙宗壇，與信州龍虎山、臨江軍閣皁山三山鼎峙，輔化皇圖」。
這是趙宋朝廷以敕令的形式正式認定道教中的主流派的正統
地位，同時因為宗壇的地位得到朝廷敕令的確認，茅山宗的
組織體制也就完全穩定了，茅山宗列為三大主流道派之首。

　　宋徽宗趙佶也十分重視劉混康，從他題為《葆真觀妙沖
和先生歸山以詩送之》的七律中，可以看出他對劉混康評價
相當高：

　　　　當年問道屬高人
　　　　曾攬霞衣到紫宸
　　　　身是三山雲外侶
　　　　心無一點世間塵
　　　　征鴻望極幽棲遠

賀燕歸飛洞府新
多謝為傳心法妙
此真真外更無真

　　《茅山志》卷三～四有趙佶給劉混康的大量敕書。據這
些敕書看來，他對劉混康畫的符特別有興趣，稱為「神符子」，
在一年半的時間裡十次告求，共求了幾百道，並說「不敢自
享，人若有疾，必與服之，庶滋先生治病救人之意」。他給元
符觀「加號元符萬寧宮，賜九老仙都君玉印、景震玉樞具劍、
御制詩頌書畫，賜予不能悉記」。後來其中的印、劍成為茅山
宗師的傳法信物。《茅山志》說：「上清宗壇，主其法者，世
以甲乙次，蓋自靖一先生始。」(〈四十一代宗師傳〉) 就是說，
茅山宗師世代相繼的常規秩序和序號排列，大抵是從劉混康
(「靖一」是他的諡號) 開始確定的。那麼，以印、劍作為傳
法信物，就是他用來保證傳法秩序的一種手段。

　　三派之中，龍虎山正一宗從來擅長符籙。茅山上清宗素
來傳上清經法，閣皂山靈寶宗號稱傳靈寶經法，這時茅山、
閣皂山兩宗實際上都已經符籙化了。因此社會上通稱之為「三
山符籙」。《茅山志》卷二六有宋徽宗時蔡卞撰寫的《茅山元
符萬寧宮記》，就說到劉混康「每以上清符水療治眾病，服之
輒癒，由是遠近輻湊，而先生之名益著矣」。可見茅山宗已經
主要是以符籙之類的方術知名於世。這有助於吸引下層民眾，
但是卻難以獲得主流文化界的欣賞，從而對於茅山宗傳統上

的高雅色彩和理論優勢的繼承和發揚，恐怕是弊多利少。例
如儒家新學領袖王安石有詩作《登茅峰三首》，其一為：

　　一峰高出眾峰巔
　　疑隔塵沙路幾千
　　俯視煙雲來不極
　　仰攀蘿蔦去無前
　　人間已挽嘉平帝
　　地下誰通句曲天
　　陳跡是非今草莽
　　紛紛流俗尚師傳

　　這首七律生動地描繪了茅山美景，但對茅山道教文化在
態度上有所保留。在他看來，當時茅山宗師所傳的，未見得
神奇，恐怕不過是「紛紛流俗」罷了。
　　《茅山志》卷九〈道山冊〉有「上清大洞寶籙篇目」，記
錄了30種茅山符籙的名稱，即：「上清二十四高真玉籙」、「上
清曲素訣辭籙」、「上清羽章籙」、「上清洞真籙」、「上清元始
譜籙」、「上清上元籙」、「上清中元籙」、「上清下元籙」、「上
清玉檢籙」、「上清神虎真符籙」、「上清金虎真符籙」、「上清
素奏丹符籙」、「上清瓊宮祕符籙」、「上清內思上法籙」、「上
清五帝籙」、「上清三天正法籙」、「上清黃書八素籙」、「上清
八景晨圖籙」、「上清洞真八景籙」、「上清龜山元籙」、「上清

龜山元命大籙」、「上清龜山真符籙」、「上清洞真八威籙」、「上清召龍籙」、「上清攝山精圖籙」、「上清七元上符籙」、「上清太玄籙」、「上清流金火鈴籙」、「上清回車畢道籙」、「上清回風合景籙」。後面還附記「上清三籙蓬萊版劄高上真書」、「上清大洞寶籙請法詞」。

劉混康對內丹術代表的道教新潮流似乎有所了解，也未必一概排斥。內丹術長期處於一種邊緣化的地位，主要是在游離於道教等級體制之外的個別道士之間私下傳授，緩慢發展著。北宋時期，內丹術中心有向江東轉移的趨勢，代表人物有張無夢、張伯端、陳景元等；天台道團繼承的司馬承禎一系上清道法，可能對這三人或多或少地都有些影響。張無夢是關中人，曾在華山拜陳摶為師，後來到了天台山落腳。張伯端就是天台縣人，離開家鄉進入官場，不幸遭到謫貶，輾轉遊歷嶺南、巴蜀、秦隴等地，晚年回到故鄉。在他的代表作《悟真篇》中，內丹術已形成相當成熟的體系。陳景元是江西人，在江北的高郵長大，入道以後雲遊到天台，跟張無夢學習過。後在京師被宋神宗任用為道官，做到「右街道錄」，當時的人稱讚他兼有司馬承禎的坐忘、吳筠的文章、杜光庭的扶教。內丹術向道教的傳統儀式和方術滲透，到北宋後期逐漸形成兩種新的重要的活動形式：「祭煉」和「雷法」。其中祭煉是傳統的齋醮儀範與內丹術結合，若將求道者自煉身神與度化鬼魂組合為一種法事，就稱為「煉度」；雷法是傳統的符籙咒術與內丹術結合。現存文獻中沒有劉混康參與內

丹、祭煉、雷法活動的記載，但是南宋道士金允中編的《上清靈寶大法》卷三七說到：

> 煉度之儀，古法未立，雖盛於近世，然自古經誥之中，修真之士莫不服符請氣，內煉身神，故劉混康先生謂生人服之，可以煉神，而鬼魂得之，亦可度化，是煉度之本意也。

由此看來，劉混康可能對祭煉儀式的形成有一定的影響。

這時的茅山宗壇聲響很高，以致於有點引人想入非非，黃澄就是有點想入非非的一個。他原是丹陽仙臺觀道士，後來被朝廷調派到崇寧萬壽宮（原玉晨觀改名）當住持。他很受重用，一直升到「左右街都道錄兼管道門公事」的位置，成為朝廷中道教事務的主管官員。《茅山志》卷十六本傳說：

> 初，三山經籙：龍虎正一、閣皂靈寶、茅山大洞，各嗣其本宗，先生請混一之。今龍虎、閣皂之傳上清畢法，蓋始於此。

就是說，黃澄想扭轉道教宗派分立的局面，要求把三大宗派的經法內容統一起來。他顯然是想以茅山宗作為統一的主體。我們不知道皇帝對他的建議是否給了多少支援，但是他有職務上的方便，顯然已經採取了一些行動，以至於使上

清經法在龍虎、閣皂兩派中得到推廣了。但是，他的統一道
教的方案最終沒能實現，因為皇帝另有打算。

第四節　宋徽宗的變革與茅山宗的尷尬

　　宋徽宗趙佶有藝術氣質而無治國之才，耽於想像而脫離
實際。他信用奸佞，怠棄政事，構設黨禁，堵塞言路，大興
營造，困竭民力，內憂外患日益嚴重。為了轉移社會矛盾，
他耍弄小聰明，試圖利用神道愚弄群眾。儒教太理性，佛教
有外族色彩，都不太適合他的需要，於是他對道教越來越感
興趣。但是他要的不是那種生氣勃勃的強勢道教，而是一種
順從可人的御用道教；他不願意讓道教自由發展，而寧肯按
照自己的意願設計一種新的道教模式，最好能夠讓自己在其
中擔任主角。因此他在位的中、後期，對一些標新立異的道
士的寵信，遠遠超過了對傳統宗派高道的程度。在這些標新
立異的道士的鼓動下，趙佶帶頭掀起了一場道教體制的變革
運動。

　　受到趙佶特別寵信的，先是政和三年（西元1113年）開
始受到信任的濮州道士王老志，繼之是政和五年召見的嵩山

道士王仔昔，再是政和六年召見的溫州道士林靈素，後是來自江西南豐的道士王文卿。政和六年，趙佶給玉皇上「太上開天執符御歷含真體道昊天玉皇上帝」的徽號，試圖把儒教祭祀的「昊天上帝」與道教祭祀的「玉皇」捏合起來，其後不久又給儒教郊祀大禮中的另一主神「地祇」上「承天效法厚德光大後土皇地祇」徽號，制郊祀大禮採用道教禮儀。林靈素為他構擬了一種所謂「神霄玉清府」的神話：

> 天有九霄，而神霄為最高，其治曰府。神霄玉清王者，上帝之長子，主南方，號長生大帝君，陛下是也。既下降於世，其弟號青華帝君者，主東方，攝領之。己乃府仙卿曰褚慧，亦下降佐帝君之治。

並說權臣如蔡京、王黼、童貫等都是仙官。「時貴妃劉氏方有寵，曰九華玉真安妃。」（《宋史·林靈素傳》）趙佶特別喜歡這些說法，便在天下廣建「神霄萬壽宮」，在京師開「神霄籙壇」。他還「被旨修正一黃籙青醮科儀，編排三界聖位，校正丹經子書」（《歷世真仙體道通鑑·林靈素傳》）。他又建立「道學」，以培養和選拔道教人才；設置「道階」26等，「道職」8等，給道士發俸。他還讓道籙院上章，冊他為「教主道君皇帝」。一種新的道教體制的輪廓已經開始浮現了。

　　這個新體制給道教加入了許多新內容，其中最主要的是兩點，一是神靈譜系的新整合；二是修煉方術的新創造，即

「雷法」的形成。

南北朝茅山上清神學所確定的神靈譜系，到了唐代後期已經有了不少改變，主要是以元始天尊為首、對應於三清仙境和三洞經書的「三清尊神」已經確立為最高神格，而在普通民眾心目中，「玉皇」作為天界主宰的觀念卻已相當流行。到了北宋，真宗和徽宗幾次給玉皇上尊號，形成「玉皇大帝」概念，使其地位進一步提高了。經過徽宗時期的大規模重組，在新的道教神靈譜系中，早期上清神學框架基本上已經消失了。我們今日所見的道教神靈譜系以「三清」（元始天尊、靈寶天尊、道德天尊）、「四御」（玉皇、北極、勾陳、後土）為中心的框架，基本上就是在北宋之末構成雛形的。

《茅山志》卷二五有《江寧府茅山崇禧觀碑銘》，是崇禧觀住持笪淨之與江寧府推官、句容知縣、江寧知府聯名立的，由張商英撰文。張商英是北宋後期活躍的政客，時任洪州知州。江寧知府發起崇禧觀大修繕，請對道學有研究的張商英幫忙審查設計，校正不適當的布局。崇禧觀是當時統領茅山各觀的總部。原設計方案上，「南面三門則道俗出入之所由也，三清、北極、本命三殿相直，而玉皇殿乃在東隅」，張商英認為不妥，因為：

> 天法道，道法自然。自然者，清氣之始也，其天為
> 清微，其境為玉清，其天尊為元始，其帝為玉皇；
> 所謂道者，氣之純清也，其天為禹餘，其境為上清，

> 其太上為大道玉晨君，其帝為天皇；所謂天者，氣
> 之積清也，其天為太赤，其境為太清，其太上為老
> 君，其帝為北極。本命者，支干之神，以統於北極
> 者也。

他的改動方案是：

> 先玉皇而後北極、而左本命；三門者，神靈之所由
> 也，非祠醮則闔之；東建道院，西設賓館，如此則
> 尊卑不相淆，人神不相雜矣。

張商英又借知府之口表揚自己的方案說：「道術之士有在
於是者，亦已多矣，曾亡一人以三氣、三天、三尊、三帝之
說辨證升降者。豈崇無而復靜者，或闕於群有之用；造有以
致動者，或昧於至無之體。」於是修繕工程就按這個修改方案
做了。我們從這件事可以看出，在北宋道教神靈譜系新整合
的運動中，茅山宗也有所參與，但是表現比較被動。雖然當
時茅山宗師劉混康紅得發紫，但整個道教界人才不濟，官場
和儒學界的人似乎不太把他們放在眼裡。連茅山道觀總部的
神殿布局問題，茅山道士自己都作不了主，聽任教外士人指
手畫腳，由知府大人拍板決定。顯然當時茅山宗在理論上早
已沒有了唐代前期那樣深厚的功力；同時也可見茅山宗當時
對官方的依賴之深，以及政府對道教的控制之嚴。

　　雷法，是符籙術吸取内丹術的產物。符籙咒術起自悠遠難辨的古代。林靈素、王文卿等人將符籙咒術等多種方術與内丹術融合起來，既講存思、存神、行氣、内丹等内煉功夫，又講符籙、咒術、祈禳、齋醮等外在形式，形成一種以道為體、法為用、内煉為本、外在行為方式為末的新方術。據說：

> 施之於法，則以我之真氣合天地之變化，故噓為雲雨，嘻為雷霆，用將則原神自靈，制邪則鬼神自伏。通天徹地，出幽入明，千變萬化，何者非我！（《道法會元》卷一〈道法樞紐〉）

　　這是基於天人合一理念而對人的主觀能動性的極度誇張和神祕化。

　　在宋徽宗帶頭煽動下，朝野彌漫著濃厚的神祕氣氛，使不少人對這種新奇的方術趨之若鶩，甚至傳統的符籙派領袖張天師也加入其中。很受宋徽宗恩寵的天師張繼先，稱為張道陵的第30代傳人，他就曾作有闡發「雷法」理論的《明真破妄章頌》，也被後人看作神霄五雷法的重要傳播者。劉混康之後，茅山道士也有人曾試圖通過標新立異來爭取信仰市場。《道藏》現存《太上太清天童護命妙經》，假託太上老君傳授，說只要念誦此經，就有仙眾及神將吏兵前來護衛，可以防獸禦鬼，治病消災，延年益壽，以至長生；經中有太上老君授予的靈符24枚，說是依法書符佩帶或吞服也可以驅邪治病。

據末後有由茅山道士傅霄於紹興甲子（西元1144年）寫的跋文說，大觀三年（西元1109年）茅山道士梁悟真遇太上老君傳授加句《天童護命妙經》，專心念誦後，成了神仙。不過這部經可能沒有流行起來。當時茅山宗總體上顯得缺乏創造活力。與唐代茅山道團相比，北宋茅山宗人才的匱乏是顯然的。

繼承劉混康的笪淨之（西元1068～1113年）擔任宗師只有短短的5年。他在臨終遺表中說：「臣傳宗法籙、真經、玉印及陛下前後所賜書畫，並已付本宮徒弟俞希隱收掌訖。」（《茅山志》卷二六〈沖隱先生遺表碑〉）顯然俞希隱是他選定的繼承人。不料徽宗下旨讓他的另一位徒弟徐希和接了班，於是俞希隱便離開茅山，到遙遠的青城山另創基業去了。

徐希和（西元?～1127年）在任時，正是徽宗寵信王老志等人，熱心改組道教的時候，茅山宗師難有作為。徐希和於宣和三年（西元1121年）從宮廷再次請辭回山，晚年「預知世故，常若殷憂。靖康之初，閉靖不食」。《茅山志》把毛奉柔、劉混康、笪淨之、徐希和列為茅山上清宗壇第二十四至二十七代嗣教宗師。

第七章
歲月風波仙影杳

會通三教的宋明理學，強化儒教在中國社會的主導地位
加之道教內部新思潮的衝擊
使得茅山宗從元朝後期逐漸聲氣消沉
朱元璋把天下所有的道士只認定為全真和正一兩類
這樣，茅山宗的獨立資格就基本喪失了

第一節　南宋茅山宗統的艱難維繫

　　宣和七年，趙佶扮演教主道君皇帝興致正高，不料剛剛滅掉遼國的金兵乘勝南下，直逼開封。趙佶在危難之際讓位給太子趙桓，自己仍然做「教主道君太上皇」。然而欽宗趙桓沒能力挽狂瀾，次年（即靖康元年，西元1126年）金國再次兵臨城下。王文卿急流勇退，在這以前已經求得趙桓准許，回家伺候老母去了；趙佶趕快召龍虎山的張繼先天師進京，不料年僅38歲的張繼先在來京師的路上又去世了。這位自命神仙臨凡的「道君」，這時真的是叫天不應，叫地無聲。下一年，徽宗和欽宗一起被擄到塞外做囚徒，史稱「靖康之難」。把自己關在靖室中不吃飯的徐希和，也就在這年去世了。金朝佔領華北以後，大將完顏宗弼（女真名兀朮）又率大軍過江，江東大亂，一時盜賊轟起，茅山道觀成為搶劫對象，建炎四年（西元1130年），元符萬寧宮和崇禧觀都被放火燒毀，在這場大難中，執掌宗壇的蔣景徹把經籙印劍保護下來了。形勢安定以後，宋高宗趙構賜給經費，加上蔣景徹到處募化，又重新將元符宮修建起來，但是茅山宗壇的元氣已經大傷了。

　　《茅山志》所列南宋時期的茅山宗師有十五位，排序為第二十八至四十二代。

　　第二十八代宗師蔣景徹（西元？～1146年）先跟隨笪淨之學道，後來又到峨眉山找到俞希隱，「俞嘉其意，益其所學」。蔣景徹傳下話來，說是俞希隱在他臨別時贈言：「三十五代，我當如阜及山，嗣掌大法。」這可能是他對宋徽宗剝奪俞希隱的宗師繼承權耿耿於懷，或者也代表了深受戰亂破壞之苦的茅山道眾對宋徽宗的不滿。

　　第二十九代宗師李景合（西元？～1150年）是蔣景徹的徒弟，僅以施藥救人著名。

　　第三十代宗師李景暎（西元？～1164年）是李景合的弟弟。在他的任上，茅山有幾件事揚名一時。據《夷堅志》丙志卷十六「華陽觀詩」條載，紹興二十五年（西元1155年）春上，害死抗金名將岳飛的權臣秦檜還當著宰相，他的兒子秦熺也當著大官。這一次秦熺遊茅山，到了華陽觀題詩一首：

　　　　家山福地古雲魁
　　　　一日三峰秀氣回
　　　　會散寶珠何處去
　　　　碧岩南洞白雲堆

　　建康知府忙著拍馬屁，當天就把這首詩刻成牌匾，掛在梁上。等到晚上，秦熺特地來看看這塊詩匾，忽然發現牌的

邊上隱約有白字，便叫人拿梯子上去看個明白，原來是這樣一首和詩：

> 富貴而驕是罪魁
> 朱顏綠鬢幾時回
> 榮華富貴三春夢
> 顏色馨香一土堆

詩裡含有諷刺，秦熺讀了非常不高興，但是後來始終查不出是誰寫的。另據《茅山志》卷十二本傳及卷十七「紫陽觀」條，當年夏天，李景暎應建康知府的請求舉行了一次成功的求雨活動，知府報告上去，朝廷因此一再派人來請，李景暎卻一概拒絕。當年十月，受民眾唾罵的宰相秦檜病死了，第二年秦檜的夫人王純素請李宗師為亡靈舉行拜章儀式，李景暎便在儀式之後宣稱，秦檜的鬼魂現在就押在酆都地獄中受拷問，而這個拷問之所就在丁公山東岩下的洞裡。王純素做賊心虛，信以為真，派兒子秦熺在洞口建起一座「太乙殿」，以求陰間的寬恕。

雖然茅山道士在秦檜問題上多少替南宋人民出了一口惡氣，但是茅山道教再也沒有能恢復到「靖康之難」以前的盛況。畢竟，茅山宗的神仙既沒有能挽救北宋的滅亡，又沒有能防止自己的宮觀毀於盜火。南宋朝廷吸取宋徽宗崇道誤國的教訓，對道教的興趣相對降低了。宋高宗趙構即位之初，

就下詔「罷天下神霄宮」，又「籍天下神霄宮錢穀充軍費」。然而道教在民間仍然比較興旺，逐漸出現了一些新派別，例如寧全真傳「東華派」，何真公傳「淨明道」，王文卿傳「神霄五雷法」，路時中傳「天心正法」，白玉蟾發揚北宋張伯端「金丹」思想形成「金丹派」，等等。內丹思想在這些新派別中已經成為一種主導的因素。金朝統治下的華北也逐漸興起了以全真道為代表的道教改革運動，而全真道也是一個內丹派別。面對內丹理論的發展，茅山宗顯得過於保守，因此隨著內丹思想在道教變革中的主導作用越來越突出，茅山宗在道教中的地位也就越來越顯得無足輕重。

　　第三十一代宗師徐守經（西元？～1195年）是李景暎的徒弟，他也堅持師父不肯應召入朝的態度。他認識秦汝達以後，馬上就傳位給他，然後自己退隱於密室。

　　第三十二代宗師秦汝達（西元？～1195年）原是一個雲遊訪道的人，李景暎聽說後寫信把他請來，同他談了一個通宵，第二天就送他登壇，舉行交接印劍繼任宗師的儀式。

　　第三十三代宗師邢汝嘉（西元？～1209年）是秦汝達的徒弟，「能綴文，善談名理」，曾被宋孝宗趙眘召為御前高士，做到「左街道錄」。秦汝達去世前才召他「請敕歸領印劍」。

　　第三十四代宗師薛汝積（西元？～1214年），早年曾是邢汝嘉的好友，闊別多年以後又成為師徒。嘉定三年（西元1210年），宋寧宗楊皇后模仿仁宗時劉太后的榜樣，也舉行領受大洞畢法的儀式，遂禮薛汝積為度師。

第三十五代宗師任元阜（西元1176～1239年）是茅山附近溧水縣的人。據說他「幼負奇質，察理幽深，神貌超然，綽有仙氣」。薛汝積記著二十八代宗師蔣景徹當年的話，要等俞希隱轉世來做自己的接班人。任元阜進山時，薛汝積一見就說是他，於是就把他收為徒弟，又讓他接了班。他曾於嘉定十六年（西元1223年）應寧宗趙擴的召請，為止霪雨而到宮中去修大醮，下一年又曾應召進京禱雨。臨終之前，他告訴大家：「吾將佐司命君理忠孝之位。」

第三十六代宗師鮑志真（西元？～1251年），早年受父母之命到茅山學道，但《茅山志》沒有說他是誰的徒弟。就在他剛繼任的那一年，宋理宗趙昀敕命龍虎山第三十五代天師張可大提舉三山符籙，並兼御前諸道觀教門公事（「提舉」是宋朝的「差遣」名目之一，表示具體負責某項事務）。這等於把茅山宗貶低為正一宗的附庸了，鮑志真思想上肯定受到很大的打擊。他曾應駐揚州的淮東制置使趙葵的邀請，為淮東部隊抵抗蒙古入侵的陣亡將士設醮祓除。淳祐三年（西元1243年），他就上表辭職了。

這以後茅山宗師職務的延續，似乎就有些勉強了，被選中的人大多積極性不高。第三十七代宗師湯志道（西元？～1258年），曾在大茅山頂獨自苦修30年，進山訪道的地方軍政長官趙善湘見了，覺得不尋常，便讓他去拜見鮑志真，他這才開始正規地學習道教。鮑志真辭職那年，就把印劍傳給他了。過了兩年，因為大旱，理宗召他進宮，讓他禱雨，他說

不用了，雨很快就來了。果然當晚就下了雨。理宗很高興，召他住京師太一宮，他堅決推辭，回了茅山。淳祐九年（西元1249年），理宗對三茅真君加封，在三茅真君稱號中分別加「聖佑」、「德佑」、「仁佑」二字。淳祐十一年，湯志道上表辭去了宗師職務。

第三十八代宗師蔣宗瑛（西元？～1281年）本是一個四方遊學的讀書人。據說他在金庭山（位於今浙江嵊州東南）石壁中得到一部《登真隱訣》，覺得很神奇，便帶著這部書到茅山來，跟隨湯志道學習。後來湯志道就讓他接受了宗師職位。他曾經應召入朝禱求止雨，得到理宗的重賞。此後他一再上表要求辭職，朝廷不許。開慶元年（西元1259年），他藉口有病，離開崗位外出，就此不肯回山理事。

第三十九代宗師景元範（西元？～1262年）本是任元阜的侍者。他曾在建康天慶觀任職，開慶元年被趙昀召去任龍翔宮高士，後來又當過「左右街鑑義」。這時因為蔣宗瑛不肯回山，茅山宗師職位事實上空缺，趙昀便下敕令，讓景元範接任。也許是為了替這位欽點宗師樹立形象，謝皇后也仿照前朝劉太后、楊皇后的先例，拜景元範為師，領受大洞畢法。

宋末元初，社會動亂，當時茅山宗師職務的安排可能也不很正規，《茅山志》的記載也就不夠清楚。第四十代宗師劉宗昶（生卒年不詳）是蔣宗瑛的徒弟。開慶元年他跟隨蔣宗瑛外出，在廬山告別師父，又回茅山了。他可能是在景元範去世之後就任宗師的。

第四十一代宗師王志心（西元？～1273年）是元符知宮湯元載的徒弟。他實際上並沒有擔任過宗師，《茅山志》本傳說是他去世以後由「大眾追禮」的，是為了「補系代之失」，可見劉宗昶之後宗師職務又空缺了，當時朝政混亂，也就沒有及時對茅山宗的教務進行干預。「時開慶宦者董宋臣私於婺之道士朱知常，挈印劍於赤松宮。」就是說，宦官董宋臣居然把茅山的傳法印劍送給和他要好的婺州（治今浙江金華）道士朱知常了。王志心就到朝廷去控告，趙昀才下詔把印劍還給茅山。於是茅山道士們要推舉王志心接任宗師，但是被王志心謝絕了。

第四十二代宗師翟志穎（西元？～1276年），師承和就任時間都沒有記載。他把仍然健在的三十八代宗師蔣宗瑛從永嘉接回了茅山。宋恭帝德祐元年（西元1275年）元兵渡江，翟志穎就把傳法印劍藏起來。第二年宋恭帝趙㬎投降元朝，翟志穎也就在這年去世了。

南宋茅山宗人才依然匱乏。蔣宗瑛是南宋茅山宗師中唯一有著述傳世的，他曾作《大洞玉經注》10卷，《道藏》現存有朱自英作序的六卷本《上清大洞真經》，也是蔣宗瑛校勘的。此外有一位蕭應叟，稱為「上清大洞三景法師」，可能屬於茅山宗，著有《元始無量度人上品妙經內義》5卷，成書於理宗寶慶二年（西元1226年），表現出以內丹解釋符籙及與理學宇宙論結合的特點。

第二節　元代茅山宗的小小興旺

　　元朝蒙古族君主為了在南方漢族地區建立有效的統治，很注意籠絡南方的宗教勢力。至元十三年（西元1176年），臨安的南宋小朝廷投降，元世祖忽必烈就召見第36代天師張宗演，命他「主江南道教事」。以後的幾代張天師也都從元朝得到主領三山符籙、掌江南道教事的授權。茅山宗成為龍虎宗附庸的厄運，就更加定型化了。

　　不過，茅山上清宗的獨立地位還沒有被明確地否定。鑑於茅山宗在南宋中心區域的傳統影響，蒙元皇室對茅山宗仍然相當重視。至元十七年，忽必烈親自授命茅山宗師許道杞主管三茅山；第二年又特地召請已退隱的茅山宗三十八代宗師蔣宗瑛到京。

　　蔣宗瑛有一個門徒杜道堅（西元1231～1318年），原在家鄉太平州（治今安徽當塗）入道，到茅山以後深受蔣宗瑛器重，給他傳授了上清經法。他後來離開茅山去雲遊，宋末被聘主持吳興（今浙江湖州）的昇玄報德觀。元兵南渡時，他冒險求見南下元軍的統帥伯顏，請求不殺無辜，伯顏對他很

欣賞，採納了他的意見。伯顏把他帶到大都，忽必烈對他也很賞識，還讓他舉薦了一批人才。至元十七年冬，讓他帶著璽書回江東訪求有道之士，杭州、湖州的一批道觀歸他護持。元成宗大德七年（西元1303年），他就任杭州路道錄。他的著作有幾十萬字，主要有《道德玄經原旨》，以儒道結合為特色。

第四十三代宗師許道杞（西元1236～1291年）也是蔣宗瑛的徒弟，據說是東晉上清派許氏家族的後人。宋代茅山宗師的任免一般都要經過朝廷審批。第四十二代宗師翟志穎去世時，傳法印劍已經找不到了，臨安的南宋朝廷已經滅亡，元朝還沒有來得及關心這件事，誰有決定繼任者的權威，就成了一個問題。當時很可能又出現過一段宗師席位空缺的時期。《茅山志》沒有說明許道杞當時是否立即繼任，只說是在元朝統治的初期，江淮行省長官把他請到揚州禱雨，覺得很靈驗，才把他送到京城。忽必烈讓他用道法給自己療臂疾，又讓他祈雲、止風，據說都很見效，才「賜寶冠法服，降璽書大護其教；佩印南還，三茅山悉統隸之」。他在至元十七年即接受忽必烈任命的前一年，已經把傳法玉劍找出來了。

第四十四代宗師王道孟（西元1242～1314年）是元符萬壽宮道士沈宗紹的徒弟。許道杞臨終前授他經法，讓他繼任。元成宗大德二年（西元1298年），他被本道宣慰使請到揚州做法事驅蝗、請雨，據說也很靈驗。元武宗至大四年（西元1311年）70歲時，以年老為由請求退了職。

第四十五代宗師劉大彬是王道孟的徒弟。王道孟辭職後，

他就繼任了。延祐三年（西元1316年），元仁宗愛育黎拔力八達對分別位於大、中、小茅峰頂上的「聖佑」、「德佑」、「仁佑」三觀賜額，同時對三茅真君加封，在三茅真君稱號中分別加「真應」、「妙應」、「神應」二字。

延祐四年，被第四十二代宗師翟志穎藏起來的九老仙都君玉印又被找出來了，據說是人們在元符宮「見一個白面兔鼠走入宮裡法堂後磚石穴中，尋不見兔兒，只見有印一顆，隨即刷洗，認辨得即係祖傳的玉印」（《茅山志》卷三二〈特賜玉印劍還山省札〉）。所謂「白面兔鼠」的故事，顯然是故意編造的神話。推測茅山宗被元朝統治之初，道眾懷著對抗情緒，所以藉口找不到傳法印劍，拒絕與元朝合作。但是拒絕合作就會付出代價，日漸衰落的茅山宗可能難以承受這樣的代價。杜道堅代表與元朝全面合作的路線，但是可能受到茅山道眾抵制，所以他奉了朝廷的使命南下，卻不去茅山。許道杞代表中間路線，他在社會公益活動方面與官方合作，而不領受政治任務；他把傳法玉劍拿出來，繼續藏著玉印，其含義是願意與元朝合作，又還要對元朝統治者留一手。到了劉大彬任上，時過境遷，藏印再沒有必要，反而有損宗壇的威信，所以就編個神話把玉印拿出來。仁宗想必很高興，特地下旨把這印送還茅山上清宗壇。延祐六年，仁宗又把茅山總轄諸山的「崇禧觀」改名「崇禧萬壽宮」。

劉大彬主持編寫了《茅山志》，於元文宗天曆元年（西元1328年）完成，全書共12篇15卷（今《道藏》本分為33卷）。

但是有記載說，以劉大彬的名義主編的《茅山志》，實際上是張雨（西元1277～1348年）的作品。張雨曾拜許道杞的弟子周大靜為師，後來又師從杭州開元宮的玄教道士王壽衍。玄教是龍虎山正一宗在元代形成的一個支派，受到官方的特別寵信。元英宗至治元年（西元1321年），杭州開元宮被火災燒毀，他又回到茅山，主持崇壽觀，又曾主持鎮江崇禧觀，元順帝至元二年（西元1336年）辭職。張雨多才多藝，在元代文壇上是有名氣的。他在道教方面的著作也不少，除了《茅山志》以外，現存《道藏》中的《玄品錄》和《四庫全書》中的《句曲外史集》，都是他的作品。

元代前期，茅山宗一度顯得比南宋時更興旺。其中一個原因，可能是南宋的衰亂和滅亡迫使一些士人避世入道，給包括茅山宗在內的道教組織充實了人才。但是儒佛道三教並存格局在南北朝定型以後，經過隋唐五代的思想交流，三教融合的程度不斷深化，漢傳佛教的本土化、民族化進一步深入，下及宋代，終於在會通三教的基礎上發展出了新儒學即宋明理學，使儒學從倫理的層次全面上升到形而上學的層次，強化了儒教在中國社會的主導地位，留給道教的發展空間已經開始收縮。而在道教各派之中，起於北方的全真道，充分採納內丹派新思潮，又早就和蒙古統治者建立了比較密切的聯繫，因此發展勢頭最猛；南方符籙各派之中，正一派在南宋已經佔據的領頭地位又得到了元朝的支援，茅山宗的發展餘地就相當有限了。

　　據《上清二十五代宗師泰中大夫葆真觀妙沖和先生諡靜一真人劉仙翁冠劍虛室》碑記，直到元文宗至順四年（西元1333年）正月，劉大彬仍在擔任茅山上清宗師（《句容金石記》卷六）。順帝至元二年，有殿12座（「復古」、「威儀」、「四聖」、「葆真」、「三茅」、「天師」、「南極」、「玄壇」、「東華」、「三清」、「七真」、「三官」）的崇禧萬壽宮發生嚴重火災，直燒得「高棟廣宇，峻極崇臺皆化荊棘瓦礫之場」（《道家金石略》第1259頁），茅山宗的元氣又受到重大的傷損。其後元符萬寧宮於至元十年修復了三清閣，並於至元十三年（西元1353年）立石，上面署名之一已經是「嗣上清經籙四十六代宗師主領三茅山道教住持元符萬寧宮王天符」了（《句容金石記》卷六〈三清閣石星門記〉）。元朝後期，整個道教的發展勢頭都在減弱，茅山宗更顯得聲氣消沉。加以社會動盪，史料較難保存，所以，王天符的最後命運如何，我們就不清楚了。

第三節　正一旗幟下的茅山派

　　朱元璋建立明朝以後，逐漸建立了一套管理道教的制度，對道教的控制比以前的朝代加強了。洪武十五年（西元1382年），明太祖朱元璋在朝廷設立「道錄司」，以掌管天下道教；各級地方政府也設立相應的道官。在幾處道教名山，則又專

門設立道官，歸朝廷直接管理；這幾處名山就是龍虎山、閤皁山、三茅山和太和山（即武當山）；設在龍虎山的是「正一真人」一名，設在三茅山的是「靈官」一名。道官一律沒有專門的官署，全在道觀裡辦公。朱元璋早先曾命龍虎山第42代天師張正常「掌天下道教事」，此後各代張天師都從明朝政府取得類似的授權。龍虎山「正一真人」是正二品，道錄司長官「左右正一」只是正六品。但是龍虎山正一真人顯然只是名譽上的最高道官，實際代表朝廷掌天下道教事的還是京城的道錄司。

朱元璋把天下所有的道士只認定為全真和正一兩類。這樣，茅山宗的獨立資格就基本喪失了。《茅山志》記事到劉大彬為止。此後有清朝康熙十年（西元1671年）刊行的笪蟾光編《茅山志》，對於劉大彬之後的歷代宗師傳承情況完全沒有記載。其實茅山宗的宗師傳承仍然在繼續進行，只是在宋元時期，茅山宗師的任免一般都經過朝廷的認可，算得上國家大事；而在明清時期，茅山宗的宗師傳承就純粹只是正一道之下一個小支派的內部事務，無須朝廷出面，茅山宗的宗師的權威也就不再有官方背景可以憑藉，其意義就小多了。

明朝規定華陽洞靈官對茅山宮觀道士有司法管轄權；若有事報告朝廷，由道錄司轉達禮部，本處道紀司不得干預。據《明史·職官志》，設在三茅山的「靈官」是正八品，低於道錄司正一，更遠遠不能與龍虎山正一真人相比，但是比一般地方首席道官都要高，府道紀司的長官「都紀」也只有從

九品。起初規定道官「設官不給俸」，洪武二十五年重定百官品階秩祿時，又規定道錄司各官依品支俸。按照這一規定，三茅山的正八品靈官每月應得俸米六石五斗。

明朝政府似乎曾經收繳過茅山宗的傳法印劍。據清《茅山志》卷三記載，洪武十二年，茅山宗師秦真隱奉命率法師赴鍾山建壇祈雨，應驗以後，朱元璋大喜，「欽給原收本山印劍賜表裏銀兩，還山鎮守」。洪武十六年，第一任「靈官」的任命下達，「欽選到茅山元符宮道士鄧自名除授華陽洞靈官，給降印信，前去開設衙門管領祖傳印劍，掌行符籙去訖；續選到崇禧宮道士王允恭除授華陽洞副靈官，如遇到任，一同署事去。」此後歷任靈官例定從元符宮道士中選授，副靈官例定從崇禧宮道士中選授。靈官要管領祖傳印劍，顯然就是宗師了，所以清康熙十年笪蟾光編《茅山志》時，不記劉大彬之後的茅山宗師，而只記載靈官的名字。

據清《茅山志》卷十四〈道秩考〉所載兩份靈官表，自明初至清康熙十年的歷任靈官為：鄧自名、薛明道、陳德星、任自垣、王克玄、呂景暘、楊震清、支克常、朱崇潤、沈祖約、蔣德瑄、徐祖諫、戴紹資、任紹績、史懷仙、張小峰、楊勺泉、王益泉、錢養悟、周繼華、朱振陽、許抱真、錢觀如、文棲雲、許華岑、陳及岩、欒奉齋、張玉壺、龔企岩、唐葵陽、張承鍾、楊昌靖、張允中、丁昌胤。

西元1983年，在茅山元符宮九層臺遺址發現了嘉靖丁丑年（西元1549年）立的〈敕真人傳派碑〉，落款中有「上清六

十二代宗師華陽洞靈官戴紹資立石」一句。從鄧自名算起，
戴紹資正是明朝的第13任靈官。如果一任靈官的確就是一代
宗師，那麼鄧自名就是茅山上清宗第五十代宗師了。清《茅
山志》陳鑑序說到：「大彬之後，嗣宗師者又十有三人，自元
天曆紀元戊辰至是，百四十有三年。」就是說，從第四十五代
宗師劉大彬尚在位的天曆元年（戊辰，西元1328年）起算，
到第143年的明憲宗成化六年（西元1470年），又傳過13代，
那就該是第五十八代宗師任上了。查成化年間任職的靈官是
朱崇潤，正好是第9任靈官，照順序推算下去，那麼第13任靈
官戴紹資就正好是第六十二代宗師。兩種推算互相吻合，可
以證明，明清時代華陽洞靈官的確就是茅山上清宗宗師。另
外還有一個證據，《古今圖書集成》卷二八七引《鎮江府志》
載：

> 任自完，一名一愚，號蟾宇，丹陽人。茅山元符宮
> 道士。永樂間，選赴文淵閣修書。宣德間，授太常
> 寺寺丞。上清五十三代宗師。提督泰嶽太和山。六
> 年，表進《泰嶽太和山志》一十五卷。

這個任自完顯然是明代第4任靈官「任自垣」之誤。按照
上面的推斷，任自垣正應該是五十三代宗師。

照這樣推算，康熙十年在任的華陽洞靈官丁昌胤應該是
茅山上清宗第八十三代宗師。可惜的是，元末明初的三位宗

師（四十七至四十九代）的姓名，有兩位沒有查到，只知道
明初有一位叫秦真隱，還不能確定他是第幾代。康熙十年以
後歷任華陽洞靈官的名單，現在已經無從查考，唯有晚清重
印《茅山志》卷首有同治三年（西元1864年）的〈庚申紀略〉，
署名「三茅山元符宮華陽洞正靈官睦菊人」，又有光緒四年（西
元1878年）的〈跋〉，署名「華陽洞靈官睦定生」。清朝結束
以後，華陽洞靈官的職位自然隨之消失，於是茅山宗師的職
位，大概也就沒有再傳了。

在政府嚴格限制道教發展的明代，茅山道團依靠他的歷
史影響，畢竟還享受到了設立正八品靈官的特殊待遇，這對
於道團的建設還是有積極作用的。明英宗正統十四年（西元
1449年），對已經燒毀了一百多年的崇禧萬壽宮的重建工程開
始了。重建的三清殿，「以間計者七，以高計者六十六尺，以
廣計者九十六尺。而金碧輝煌，蓋不減於昔」（《道家金石略》
第1259頁）。元符宮在元代逐漸傾毀，明初僅存部分殿堂；明
孝宗弘治年間（西元1488～1505年），元符宮道士陳真福募款
修葺，至明世宗嘉靖十五年（西元1536年）完工，有「東秀」、
「西齋」、「觀雲」、「啟明」、「野隱」、「勉齋」、「棲壁」、「東
齋」、「樂泉」、「覽秀」、「雲林」、「真隱」、「監齋」等十三道
院。萬曆二十六年（西元1598年），大茅峰頂的聖佑觀獲准改
為「九霄萬福宮」，有「毓祥」、「繞秀」、「怡雲」、「儀鵠」、
「種璧」、「禮真」等六房道院。茅山道團從此形成了「三宮」
的格局。

　　茅山宗被官方歸併到正一之後,雖然茅山道眾無力抗拒,被迫服從，也吸收了一些正一道的內容，但仍然努力保持本派的一些特色。

　　漢晉天師道是不出家的。在以上清經法為中心的唐代道教體制中，五等出家道士構成主體，從天師道整合進來的不出家的兩等（在家、祭酒）地位最低。後來堅持娶妻生子世襲道法的張天師家族衝破以上清經法為中心的體制，形成正一道，其中有出家道士，但是不出家的道士更多。茅山上清宗的道士與一般正一道士不同，直到民國時期，他們仍然一如既往，嚴格保持了出家的廟規。

　　茅山道教的齋醮科儀也獨具一格。當前茅山道教信眾中最流行的科儀還是「進三茅表」。三茅表的主要內容是頌揚三茅真君,《三茅真君誥》是茅山道觀專用的誥詞，不像《玉皇誥》、《呂祖誥》等在各地道教法事中可以通用。上清經中特有的一些重要角色，如「東華青童道君」、「西城總真王君」等，在「進三茅表」法事所請的神中佔據突出的位置。法事中要演唱「衛靈咒」。現存《道藏》中的《三茅真君加封事典》記錄了南宋淳祐九年（西元1249年）理宗對三茅真君加封時的「慶禮設醮儀」的節目，開始是「衛靈咒，發爐」，然後「各稱法位，請聖，初獻，宣詞，亞獻，終獻，送聖」。道教歷史上各派使用過多種衛靈咒，北宋末年林靈素編的《靈寶領教濟度金書》的「讚頌應用品」中就講到「五方衛靈咒」、「三日九朝衛靈咒」、「一日三朝衛靈咒」、「璿璣齋衛靈咒」等。

當代茅山衛靈咒也是獨此一家，詞為：

> 華陽境天，地肺名山。三峰混合，萬古聖鄉。氣連
> 巴蜀，境接東皇。祥輝八表，煥合神光。三皇太初，
> 肇起靈場。群禮歸依，慶福讓讓。恭伸三竭，不幽
> 滯靈。傾心頂祝，白日翱翔。

這詞充滿了茅山上清宗的自豪，很可能是在歸併到正一宗之前產生的。參與整理茅山道教音樂的中國民樂專家陳大爍認為：從這首「衛靈咒」的行腔安排來看，每一個字都有較長的拖腔，和北宋時代的道教音樂譜集《玉音法事》曲線譜的特點相近，而與明代道教音樂譜集《大明御制玄教樂章》一字一音的風格有明顯的區別。

不同的傳法譜系是道教各派互相區別的標誌之一。道教各派在發展過程中，都逐漸規定了本派未來傳法世系的譜字，通常是把這些表示不同世系的字逐代排列起來，構成一段韻語。新道士取法名時從中取一個指定的字，作為三字姓名正中間的字，就是輩分的標誌。茅山宗的傳法譜系以劉混康為第一輩，原有48字，據茅山的《真人法派》碑為：

> 混靖希景　守汝玄志　宗道大天
> 得惟自尊　克崇祖德　光紹真應
> 師寶友嗣　永仁世昌　公存以敬

有子必承　能思繼本　端拱一成

後來又續了48字，見於《續真人法派》碑，即為：

元復其始　精清純如　載啟先覺
欽敬淡文　灝演精信　神涵湛持
性定龍順　念受明特　懋嘉丙錫
福廣春禔　雲章緝葉　緒悉瑤芝

而正一宗的傳法譜系有40字，據北京白雲觀抄本《諸真宗派總簿》「第三十七、天師張真人正乙派」條為：

守道明仁德　全真復太和
志誠宣玉典　忠正演金科
沖漢通玄韞　高宏鼎大羅
三山揚妙法　四海湧洪波

茅山宗的傳法譜系，一直實行到了「文革」以前。茅山三宮中的上清宗傳人，有幾位活到了「文革」以後，按照96字輩分，他們是：第59輩眭先鳳，第60輩施覺義，第61輩陳欽賢，第65輩王灝俊，第75輩黎順吉（即前中國道教協會會長黎遇航）。明清以至民國時期，茅山上清宗道士仍然堅持按照本派96字傳法譜系取法名；雖然也接受了正一宗的40字譜

系，但是按這個譜系取的名字不是日常使用的，而只是在做道場時才用一下。例如九霄宮六房的第60輩施覺義，他做道場時使用的法名是施大德，按「天師張真人正乙派」的40字譜系，他是第29輩。

第四節　全真道滲入茅山

明朝中後期，全真道開始發展到茅山來了。現在所知最早到茅山活動的全真道士，要數閻希言（西元？～1588年）。據茅山《乾元觀記》碑文，他是從湖北太和山來到茅山乾元觀的。當時人們看見他不修邊幅，「不巾不櫛」，就都稱他為「閻蓬頭」。他的行為古怪，「盛夏曝日，寒冬臥冰」；問他年齡、經歷，他隨口漫應，沒有準話，「或問師：『六十歲乎?』曰：『然。』問：『百歲乎?』曰：『然。』問：『二百歲乎?』曰：『然。』問貫：『山西人乎?』曰：『然。』問：『曾為元時總管乎?』曰：『然。』大多不言其壽與所自出也。」他來到茅山時，歷史上曾經十分興盛的乾元觀已經廢了，他按照全真道的模式主持修復起來：

> 建缽堂五，左曰香積廚，右曰水雲居。堂後小園曰踵息。橫列環堂三座，曰沙天，曰若鏡，曰若床。

東北有靜室，名麟溪庵，蓋鴻臚丞高君洎所創也。

他傳了不少門徒，所傳的道法的主要內容，既不是內丹，又不是符籙，也不是延年沖舉，只是勸人多施捨，積陰德，勿淫、勿殺、勿憂、勿恚、勿多思，就是以道德實踐和心性修養為主。這樣，他就開創了全真龍門派的一個支派，稱為「閭祖派」。《諸真宗派總簿》載有「第十八、閭祖派」，說是「丘祖復字岔派分支，茅山乾元觀」，譜字為：

復本喝教永　圓明寄象先　修成龍緒業　歷代嗣宗傳

如此說來，閭希言是龍門派的「復」字輩。龍門派推全真教創始人王重陽的七大弟子之一丘處機為祖師，本派譜字為：

道德通玄靜	真常守天清	一陽來復本
合教永圓明	至理宗誠信	
崇高嗣法興	世景榮惟懋	希微衍自寧
住修正仁義	超升雲會登	
大妙中黃貴	聖體全用功	虛空乾坤秀
金木性相逢	山海龍虎交	
蓮開現實新	行滿丹書詔	月盈祥先生
萬古續仙號	三界都是親	

據此可知，閻希言在龍門派中屬於第十四代。

據清《茅山志》卷三記載，明神宗朱翊鈞在萬曆四十二年（西元1614年）遣使來茅山乾元觀，為母親建「金籙齋」：

> 特命本山乾元觀全真道士李教順等，祇就殿庭啟建
> 金籙，叩天請佑，恭祝慈躬，萬壽萬安，長春永慶，
> 平康吉祥。好事九晝夜，至初九日圓滿，修設普天
> 大醮三千六百分。

按譜字推算，這位李教順該是閻祖派的第四代傳人。

龍門派第七代弟子孫常敬（西元1523～1653年），晚年也來到茅山。他的徒弟有孫守一、黃守元。孫守一和他的徒弟閻曉峰都住茅山乾元觀，但是據《金盞心燈•道譜源流圖》記載，閻曉峰所傳的後人，就都「改歸茅山法派」了。

另一位龍門派第七代弟子王常月（西元1522～1680年），清朝初年到北京活動，取得了順治帝福臨的信任，獲得「國師」稱號，奉旨開壇傳教，大獲成功。他主張三教融合；修道以「持戒」為先，戒、定、慧漸進；性命雙修而以性為主，徹底否定了長生不死即身成仙的道教傳統信仰；要求守戒律與遵王法並重，修仙道與修人道並舉。康熙年間，王常月把傳教重點轉向江南的江寧、蘇、杭一帶。從康熙二年（西元1663年）到七年，他在這一帶開壇傳戒，收了不少徒弟，增

加了很多信徒，茅山的笪蟾光（西元1623～1692年）就是其
中之一。

　　笪蟾光原名笪重光，句容人，清初考中進士，進入官場，
做到湖廣道監察御史，因受人誣陷中傷而灰心，36歲辭官歸
隱，在茅山鬱崗峰住下。「蟾光」的名字就是在隱居以後改用
的。王常月南下傳法時，他也作了聽眾，接受了王常月的教
法。但他沒有加入教籍，只以「鬱崗居士」自命。他在鬱崗
峰庵房完成了許多著述，其中包括《茅山志》15卷，是在劉
大彬《茅山志》的基礎上增添而成的。

　　《清朝野史大觀》卷十一〈記茅山老人〉提供了笪蟾光
之後的茅山全真道的一點資訊。說是雍正、乾隆年間，有一
位丹陽老人沈一清，「生而具戒，年近七旬，志行彌苦」，在
茅山苦行修煉。他見大茅峰上的九霄宮香火興旺，而中茅峰
的德佑觀和小茅峰的仁佑觀卻是「積歲無人，門徑頹塞，列
真露坐，金蝕苔生」。於是他立志興復這兩座道觀。為此，他
白天辛苦操勞，「夜半則臨崖危坐，默誦皇經」。他就這樣堅
持不懈，「苦行五年，而善緣四集，於時仁佑殿以新。乾隆癸
亥，重建德佑殿，費千金，工萬計」。癸亥年是乾隆八年（西
元1743年）。這位沈一清不知道是什麼宗派，但苦修打坐正是
全真道士的特點，而他修繕的兩座道觀後來都屬於全真道。

　　明清時期茅山上清宗教義思想基本上沒有發展，而全真
道多少表現了一些創造精神。因此全真道進入茅山之後，上
清宗的勢力就逐漸被全真道蠶食，最後上清宗只保留了三宮

的陣地，而五觀則被全真道掌握了。五觀之中，乾元觀和仁佑觀屬於閭祖派，白雲、德佑、玉晨三觀則屬於龍門派正宗。這種三宮與五觀分屬正一與全真的格局，一直延續到民國時期。

第八章
悠悠勝景正翻新

鴉片戰爭以來，中華民族經歷了災難深重的歲月
茅山的道教也經受了三次大劫難
中國大陸開始改革開放以後，茅山道院即被列入全國
道教21座重點宮觀名單
茅山既是歷史悠久的宗教聖地，又是遠近聞名的旅遊
聖地，這使茅山道院的自養計畫能夠比較順利地實施

第一節　劫後重生的茅山道院

鴉片戰爭以來，中華民族經歷了一段災難深重的歲月，茅山的道教也經受了三次大的劫難。

第一次大劫難是太平天國時期，茅山道教既受到無情的戰火摧殘，又受到反對多神崇拜的拜上帝教的雙重打擊。天國首都天京（今南京）遭到清軍圍攻，茅山作為天京的東南屏障，自然難逃戰火。晚清重印《茅山志》卷首〈庚申記略〉說：

> 殿宇道房陸續被毀，即玉晨、白雲、下泊宮亦然。
> 其九霄鎮山神鼎、銅聖像、銅爐，元符宮之銅鐘、
> 銅爐，崇禧之銅聖像，千萬片古物，亦被毀賣。

庚申為咸豐十年（西元1860年），這一年太平軍攻破清軍重新經營四年的江南大營，使天京再次解圍，緊接著就由忠王李秀成率部東征蘇、常，清朝江南提督張國樑敗退中在丹陽落水溺死，欽差大臣和春逃到無錫滸墅關自縊而死，當時這一帶戰況的慘烈，可想而知。據說當時茅山大約70%的道觀建築被毀，元符宮的十三房道院僅存四房，道眾逃散四方，

餘下的「人數不過十之二三」。戰爭結束之後，道士又陸續回山，茅山香火才逐漸恢復，但是只限於小規模的重建。

第二次大劫難是抗日戰爭時期，包括茅山地區在內的錦繡江南淪於日寇的鐵蹄之下。陳毅、粟裕奉命率領新四軍第一支隊從皖南挺進茅山一帶，開闢蘇南抗日根據地，支隊司令部曾經設在乾元觀。西元1938年七月至八月，日寇出兵對茅山地區進行大掃蕩。七月八日，日寇分兵幾路衝進元符宮殺人放火，元符宮從西元1924年募資重建、營造十年才落成的三清大殿，也被日寇付之一炬。八月，200多日寇奔襲乾元觀，沒有找到新四軍，殺害了被抓的當家道長惠心白和其他道士、民工。第二天，日寇又兵分兩路，一路殺向仁佑觀和德佑觀，另一路殺向玉晨觀和白雲觀，瘋狂地燒殺擄掠。而後再次進犯元符宮，火燒元符宮之後又進犯九霄宮，用機槍掃射觀裡的道士和平民。當時茅山的道觀建築大約被日寇毀壞了90%。那一次犧牲在日寇屠刀下的，有白雲觀道士5名，元符宮道士19名，乾元觀道士13名，九霄宮道士1名。茅山道教遭到了毀滅性的打擊，久久難以復甦。

第三次大劫難是「文化大革命」十年動亂，宗教活動被停止，神仙塑像被打毀，道士被趕下山，經籍、碑刻和各種文物古跡被狂熱的「造反派」抄掠、打砸、焚燒，只剩下冷清沉寂的斷壁殘垣。

西元1979年以後，中國政府重新開始落實宗教政策。茅山道院的黎遇航原是中國道教協會第一屆理事會的副祕書長

和第二屆理事會的副會長兼祕書長，在西元1980年中國道教協會第三次代表大會選舉的理事會中，他又榮任會長，後來又在西元1986年續任第四屆會長。從西元1980年到1982年，有8名老道士相繼回到茅山道院。據說歷史上茅山道觀最興旺時曾經有殿堂房舍三千餘間，道士數千人，分為257房，而這時只剩下九霄宮和元符宮的殘存殿堂房舍二十餘間。西元1982年，茅山道院被列入經國務院宗教事務管理局批准的全國道教21座重點宮觀名單，正式向社會開放。這年八月，句容縣統戰部按照有文化、有信仰、愛國愛教的原則，協助茅山道院招收了8名青年道友；十一月，「宮觀管理小組」成立，立即著手建立規章制度，建立帳冊，舉辦道教經懺培訓班，同時興辦產業。這時道院全體道職工有21人，政府撥給了幾十萬元人民幣作為首期活動經費，以後就由道院自養自建了。

西元1985年三月，茅山道教協會正式成立，茅山道院住持朱易經任會長，並推選黎遇航為名譽會長。西元1992年八月，鎮江市道教協會成立，這個協會就設在茅山道院，仍由朱易經任會長。西元1993年四月，江蘇省道教協會在南京成立，決定把協會總部也設在茅山道院，還是選舉朱易經任會長。

明清以至民國時期，在作為茅山上清宗傳統勢力範圍的江浙地區，龍虎山正一宗及全真道的影響逐漸推進，茅山上清宗的影響逐漸退縮，不過還是繼續在茅山以外保持了一定的影響。例如在元朝至元二十九年（西元1292年）新設縣的

上海，除了在家道士的「道院」及不完全屬於道教性質的「天后宮」、城隍廟以外，在縣城最早建立的道觀，據現有文獻考察，要算當時北門外的「三茅閣」。起因是明永樂六年（西元1408年）有唐姓信眾捐地建閣，以奉三茅真君，東側附「春申侯」祠。到了清朝嘉慶七年（西元1802年），三茅閣被改建為「延真觀」，咸豐三年毀於兵火。此後因觀址劃入租界，里人在老北門內另處重建延真觀，就只供奉春申君了。隨著上海城市的發展，城區的道觀也越來越多，道士大多是正一派。近代上海城區周邊，正一道士分南北兩個系統，南部松江、青浦、南匯、川沙一帶，主要受龍虎山影響；北部嘉定、寶山一帶，主要受茅山影響。清末上海有的道觀要舉行一種「解天餉」的活動，俗稱「還錢糧」，一般在上海經商得利的商人借此報答神仙的保佑，活動形式就是送三茅真君神像回茅山祖庭。西元1991年十月，馬來西亞茅山教五館總壇李天師等海外茅山派弟子到茅山祖庭來祭祖認同，李天師還捐款馬幣5萬元，以助修復元符宮三天門萬壽臺。

　　茅山既是歷史悠久的宗教聖地，又是遠近知名的旅遊勝地，可以得到比較豐裕的香火錢和旅遊業收入，這使茅山道院的自養自建計劃能夠比較順利地實施。道院首先對九霄宮陸續進行修繕，西元1988年又開始修繕元符宮。西元1985年，道院在茅山腳下購置了4畝8分土地，做開辦道院服務處之用；西元1991和1992年，道院出資20多萬元人民幣，在那裡初步建起了小規模的「茅山道院礦泉水廠」和「宗教景泰藍工藝

廠」，目的是靠它既解決部分道職工家屬的就業困難，又為茅山道院增加一些經濟收入。

　　據楊世華（茅山道教協會副會長兼祕書長）發表的〈今日茅山〉（《上海道教》，西元1992年第4期）一文中的資料，創業的第一個十年，道院年收入從1萬多元增加到100多萬元，道職工增加到70多人，共接待國內外香客和遊客240多萬人次。除國家撥款以外，道院還投入自籌資金270多萬元，用於修建殿堂房屋160多間，新塑神像97尊，通了電，安裝了自來水，買了兩輛汽車。這期間，開辦了6期道教知識和經懺培訓班，選送了12名青年道友到北京的中國道教學院正規學籍班或專修班學習和深造。在有關部門的協助下，茅山道院還製作發行了《茅山道教齋醮科儀》錄影帶，《中國道教音樂·茅山卷》磁帶，《茅山道院》幻燈片，《茅山道院》風光明信片，出版了《句容文史資料》茅山專輯。西元1992年以後，茅山道院發展更快，創辦了《茅山道教》雜誌，成立了「茅山道教文化研究室」；元符宮進行了全面的興建，宮外半山新建了一座巨型老子青銅塑像；西元1997年，據茅山道教協會祕書長馮可殊相告，茅山道院一年的香火收入已經達到800多萬。

　　西元1986年十一月，江蘇省人民政府把茅山列為省甲級風景名勝區，並聘請專家進行規劃設計。茅山道教本身就是珍貴的人文旅遊資源，而宗教活動場所之外的茅山自然風景也往往包含著豐富的道教文化因素，茅山道院與茅山山水、草木、洞穴及整個生態環境密不可分，相得益彰。隨著茅山

旅遊資源的合理開發，茅山道院的生存和發展的條件都有希
望大大改善。

第二節 造訪躺在福地的觀

　　西元1997年和1998年，筆者曾兩次到茅山參觀。第一次
是陪日本的道教學家丸山宏及其夫人(臺灣籍的蘇素卿女士)
去的，重點訪問乾元觀；第二次是在南京參加「海峽兩岸宗
教文化與現代化學術研討會」，由承辦會議的江蘇省行政學院
安排全體與會者一起去的，重點訪問九霄宮。

　　茅山地處原句容、金壇兩縣（現在都改為市）的邊境，
歷史上因茅山道團的存在而自成一體，兩縣的實際管轄權都
不免淡化，縣界也就不甚清晰。聽金壇人說，大約在上世紀
60年代，這兩縣的人民政府曾經劃定邊界，當時茅山是貧困
地帶，金壇就大方地把擁有頂宮的大茅山讓給了句容。「文革」
之後，以頂宮殘餘為基礎恢復茅山道院，就成了句容縣的工
作。不料後來宗教與旅遊活動都迅速興旺起來，茅山道院財
源茂盛，句容得利，金壇人這才對早年的劃界後悔不已。西
元1993年，金壇市人民政府決定對本市西崵鎮地界內的乾元
觀進行修復。面對茅山道院的優勢，金壇欲以特色取勝，決
定把乾元觀改建為專門容納女道士的坤道觀，使它成為江蘇

坤道的中心。經過一年多的準備，西元1994年由常州市人民
政府批准，乾元觀正式開放。

　　西元1997年十月九日，我們從上海站乘7點50分的火車出
發。約100分鐘到常州，出站後，有乾元觀的一位道姑偕一輛
小車來接。小車在幹線公路上向西飛馳，過了金壇市城區，
至平原將盡，丘陵起伏漸顯之處，路邊北側出現一座新色華
麗的高大牌樓，牌額大書「茅山風景名勝區」。小車離開幹線
從牌樓右轉進入通向茅山的支路，逐漸深入丘陵。路過通往
大茅山的索道以後，就上了更小的支路，有一段路還僅鋪碎
石。小車穿行在並不險峻的丘陵溝、谷中，時而是野生的茂
草疏林，時而是孤零的農家田園。

　　路上我們與陪同的道姑小傅聊天。小傅眉目清秀，不過
20來歲，已經入道4年了，身穿道袍，顯得素雅大方，言談舉
止樸素真摯，不失靈氣。她說家住茅山腳下農村，家裡有父
母和一個弟弟。村民歷來敬重道教，她父母也是如此。當年
她初中畢業，升學考試及格了，於是心情放鬆，被同學拉到
新開的乾元觀去玩。一聽觀裡演奏的道樂，就喜歡上了，於
是要求入道，父母也表示同意。道觀收下她以後，讓她在道
樂團中操阮咸和笛。新道徒首先試道一年，合格後再學道三
年，然後才能正式拜師。她現在還沒有正式拜師，所以道號
還不能公開，也就不能告訴我們。眼下她還擔任觀中的會計。

　　小車最後來到一片山坡下，與平坦的公路盡頭相接的，
是順山坡闢建的寬敞的臺階，通向青瓦紅牆的乾元觀山門。

乾元觀後面的山頭就是鬱崗峰，樹木蔥蔚，都屬於茅山林場。峰下一個叫做「石門」的地方，特別盛產中草藥材，其中以蒼朮最為有名，據說是全國之冠，中醫稱為「茅蒼朮」，又叫「石門蒼朮」。鬱崗峰周圍群山蜿蜒如龍，稱為「青龍山」，《真誥》說「福地」在「伏龍之鄉」，陶弘景以為就是這裡。鬱崗峰就是青龍山的主峰。《真誥》載所謂中茅君說，鬱崗山「下有泉水，昔李明於此下合神丹而升玄洲」（卷十三）。天監十四年（西元515年），60歲的陶弘景在這裡創建「鬱崗齋室」以繼續應付梁武帝的煉丹任務。唐玄宗天寶年間，李含光回茅山，入住鬱崗峰下的紫陽觀，在附近的鬱崗齋室故址也得皇帝下敕建造了棲真堂及會真、候仙、道德、迎恩、拜表五亭。宋真宗時朱自英曾經在這裡築九層壇行道。仁宗天聖三年（西元1025年），朱自英為劉太后授上清籙後，獲得恩賜將鬱崗齋室故址建為集虛庵，繼而改名乾元觀。「乾元」二字出自《周易‧乾卦》「彖辭」中「大哉乾元，萬物資始，乃統天」的句子，指由乾卦象徵的天地萬物的本源。

　　小車到了山門階下，女住持出門下階相迎。這位女住持名叫尹信慧，約莫30多歲，闊面高鼻，容貌端正，中等身材。她引我們進入山門外西南坡下的小樓用午餐，這裡是市旅遊局辦的招待所，她已在這裡為我們安排了食宿。午睡畢，我陪丸山夫婦拾級登觀，尹住持即來陪我們參觀。攀談間，知道她家住金壇縣城，高中畢業後待業在家，被街坊近鄉中的道士說動興趣，有心投入道門。因茅山道院沒有坤道，便於

西元1984年投往杭州抱朴道院出家。抱朴道院位於西湖旁的葛嶺半坡，男女道同修，也屬於「文革」後首批開放的全國道教重點宮觀之列，杭州市道教協會就設在這裡，可惜地域狹小，沒有多少發展餘地。後來金壇恢復乾元觀，需要坤道住持，來請她還鄉，她便欣然從命了。

當時乾元觀舊址只有一排屬於林場的舊房，她接管以後，廣泛聯繫信徒，多方募化，首先在一年籌備期間造成了一幢五間的「大羅寶殿」，便正式對外開放了，同時還不斷續建。我們看到的，已經是一個高踞於193級（紀念西元1993年著手重建）大臺階之後的四合院落。南面進山門是「靈官殿」，東西兩面是廂房，西廂房正在上油漆。西廂房外是一個為遊客助興的「八卦陣」，只是臨時性的。靈官殿西側夾道旁是道姑們的宿舍，東側是辦公室，北面就是大羅寶殿，供奉三清。三清是道教的三大主神，都被看作「道」的人格化身，可以說是三位一體。三清組合像是道觀中最常見的主要偶像，擺法幾乎總是元始天尊居中，靈寶天尊居左，道德天尊居右。元始天尊是道教的最高神格，說是住在大羅天，是道經所說宇宙三十六天中的最上一層。

院中有一口井，稱為「煉丹井」，傳說是秦朝的李明真人在此修煉，鑿了這口井供煉丹用水。附近鄉民認為是「仙水」，多來取水飲用。現代井水仍然清澈照人，觀裡特地取水裝瓶，擺在大殿貨櫃出售給香客、遊人，標價每瓶人民幣3元。

院內還立著兩塊古碑，其中一塊兩面各有一通碑文，一

面是明朝萬曆庚寅年（西元1590年）句容縣丞陳嘉詔立的《乾元觀記》（前文曾有引用），主要是紀念闓蓬頭的；另一面是乾隆三十四年（西元1769年）的《乾元觀天心庵碑記》，內容是講原坐落在大茅山東側的天心庵、於宋朝紹興年間就是乾元觀的奉祀香火庵，但是在乾隆年間因乾元觀「寥落」，天心庵在住持許進修死後「失守」，一度「遭遊道朱乾燦佔據」，乾隆二十四年，乾元觀住持岑隆守「延請施主募修本觀，檢出天心庵之交單頂契數紙，邀同緣首畢尚武、袁振城等，清理斯庵」，開始向官府提起訴訟，最後由府主「批斷：庵歸觀業，永為定案」。這通碑記就是為紀念乾元觀這次收復天心庵主權的勝利而作的。另一塊古碑字跡模糊，人們稱之為「雷接碑」，傳說它從前曾經被人砸碎，當做燒石灰的原料放到窯裡燒煉，不料一窯石灰燒好了，只有這部分碎碑石依然原樣。以後窯頂忽遭雷劈裂開，碎碑石不翼而飛，已然合成整塊，重新塑立在原地，只是碑上多了一些斷裂的紋路。這當然是無稽之談，但是作為民間信仰心理的一種反映，也不無意趣。

　　這次創建坤道觀時，申請的定額是25名，算是第一批名額，將來需要時再追加申請。而現在只招收了十幾名，都是20歲上下，體貌端正，沒有畸缺。尹住持說要求報名者很多，挑選餘地比較大，也有年紀大的，但是觀裡只收年輕單純的，以便培養造就。我們還見到一位道裝老大爺，矮小乾瘦。尹住持介紹說是她的師父，是她專門從杭州請來坐鎮乾元觀，為徒子徒孫們解經指迷的。

　　觀裡道姑要作早晚兩課唱禱。丸山君對道教的齋醮科儀特別感興趣，這是他的重點調查內容。聽大殿裡晚課開始的三通鼓快要敲完，我們就趕到殿裡。這天觀裡除了我們三個，還有幾個參觀者，是附近的林業局單位帶來的。另外只有一位男性香客，正在焚香參拜。茅山每年農曆臘月二十四至三月十八是廟會香期，來的人每天都有好幾千，主要是上頂宮，也有不少人到乾元觀。至於平日，頂宮也有遊客，而乾元觀就幾乎沒有外客來了。尹住持說，附近地區的道教信眾大都有自發組合的團體，觀裡如果臨時有活動，就和這些團體的頭領聯繫，他們自會組織群眾前來捧場。

　　十幾位道姑聚集在殿裡，多數分坐在香案前斜對面的兩排桌案前，各操古樂器。少數面對香案站立者負責敲擊小樂器。香案地下還有許多供人跪拜用的墊子。演奏一段之後，坐者就起身轉到拜墊前站立，反覆禮拜、唱贊。就這樣坐、起循環了好幾遍，才算結束。演奏和唱贊的曲調，都是那麼悠揚婉轉，的確令人神清氣爽。茅山的道教音樂歷來有名，現在的坤道乾元觀對齋醮科儀的音樂特別重視，她們的道樂團已經贏得聲譽，多次應邀出國表演過了。晚課期間，丸山君一直忙著在旁邊擺弄錄像機。他問明明天早課是6～7點鐘，要求再來觀禮，尹住持答應為他開門（平時觀門是8點才開的）。

　　回招待所用飯以後，我們晚上又應邀到觀內，為道姑們作演講。她們說凡是有學者專家來訪，都要請作演講，以便

她們增長知識，開闊眼界。東廂房裡擠放著幾十張桌子，說是遊客多的時候可以拉開來供飯。小道姑們已經拉開了一些，擺成了一個小會場。丸山君來茅山以前沒有準備這一項，加以講漢語的能力還沒有達到混跡中國而不露相的程度，就只講了幾分鐘，大意是他感到非常高興而又不安，對日本軍隊當年在茅山、尤其是在乾元觀的行為深感歉意。丸山君是位質樸明理的學者，大家對他的簡短講話報以熱烈的掌聲。其後我就「茅山道教的歷史地位」講了約80分鐘，大家聽得也很專注。

　　第二天參觀早課畢，回招待所用飯、結帳，再入觀內等候統戰部的車。女住持相陪時，取出一份規劃圖，向我們介紹乾元觀的遠景規劃。原先的乾元觀規模宏大，據說元代曾有800間房舍，現在的規劃準備重建許多從前有名的建築，例如松風閣等，但是不一定在原來的位置。原有建築是沿山麓水平排開，新規劃則把一部分改為順山坡垂直排列，逐級階升直至山頂，頂上擬建一座摩天塔。在現有院落的西邊將建一個玉皇殿院落，而在現有院落的東邊則要建生活區和一個八卦陣。她設想用20年實現這一宏偉藍圖。

　　9點半左右，上一天我們坐過的小車到了。還是小傅陪同，我們先駛上頂宮，然後駛到印宮，到茅山道院走馬觀花一番，再馳往常州，趕下午3點多開回上海的火車。

第三節　參觀蓋住洞天的宮

　　九霄宮坐落在大茅峰頂，民間俗稱「頂宮」。如果說乾元觀是躺在福地的觀，那麼九霄宮就是蓋住洞天的宮，因為按照傳說，大茅峰頂就是蓋住句曲山洞的天窗的一塊磐石。

　　「文化大革命」之後，茅山道教歷史上有名的宮觀，只有九霄宮和元符宮殘存。元符宮坐落在積金嶺的陽面，依山傍水，環境宜人。當年陶弘景進山隱居之初，就在這裡搭起了他最早的住處。據說唐肅宗至德年間，就有人在這裡建過道觀。劉混康當年從家鄉常州來到茅山投奔明師，就是在這裡找到了結庵苦修的茅山宗師毛奉柔，並且自己也在這裡結庵長住下來。可能他成為宗師以後，仍然住在這裡，只是把原來供隱修用的臨時性茅庵改成了永久性的「潛神庵」。劉混康在宮中得寵以後，宋哲宗下旨將他的「潛神庵」改建為大型道宮，元符宮由此誕生。宋徽宗賜茅山的玉印、玉劍，從前就保存在這宮裡，作為宗師的傳法信物，所以元符宮俗稱「印宮」。西元1998年我們去茅山時，元符宮的修繕仍在進行中，到茅山的遊人要拜訪道觀，仍然以九霄宮為主要目標。最近幾年的情況，我就不太清楚了。

　　大茅山頂古代很早就是民間宗教性聚會的場所，只是因

為山頂風大、用水不便，到陶弘景的時候，這裡還沒有固定的供宗教活動用的房舍。大約到南唐時候，這裡開始出現小型的道觀。宋理宗淳祐九年（西元1249年）在三茅真君稱號中分別加「聖佑」、「德佑」、「仁佑」二字，這以後三茅峰上的道觀才分別得到「聖佑」、「德佑」、「仁佑」的觀名。元仁宗延祐三年（西元1316年），「聖佑」、「德佑」、「仁佑」三觀得到皇帝賜額，可能這時這三觀都已經有了一定的規模和影響。萬曆二十六年(西元1598年)，改聖佑觀為「九霄萬福宮」，說明這裡已經成為茅山的主要道觀之一了。在它興旺之時，曾經擁有「藏經」、「聖師」二樓閣，「太元」、「高真」、「二聖」、「靈官」、「龍王」五殿堂。西元1982年茅山道院恢復以後，因九霄宮破壞稍輕，就集中力量先修復它，經過十幾年努力，已形成完整的格局。現在的九霄宮，是茅山道院主要的宗教活動場所和遊客的主要參觀點。「江蘇省道教協會」、「鎮江市道教協會」、「茅山道教協會」、「茅山道教文化研究室」都設在這裡。

　　九霄宮坐北朝南，依山借勢，層層遞升。山頂南部，現在是一個平坦的廣場，東西約80米，南北約40米，汽車可以從山下一直開上來停在這裡。廣場東西兩側各建山門一座。東山門是盤山公路的通道，中門正面額書「茅山道院」，左右側門額書分別為「出玄」、「入牝」，中間背額為「紫氣新輝」。西山門是步行登山者取道「九曲十八盤」朝頂宮的通道。廣場南側護以石欄，可以憑欄遠眺；回首廣場北側，就是九霄

宮的紅牆，靈官殿門牆與圍牆連成一線，中間殿門額上鑲嵌著「敕賜九霄萬福宮」七個石刻大字，另有「道炁常存」、「國泰民安」八個大字分寫在殿門兩側的殿牆上。殿門前是二十餘級石階，一對高高的旗杆樹立在石階兩側。

靈官殿內，正中供奉的是王靈官的塑像，金盔金甲，紅臉虯鬚，三目怒視，手舉九節神鞭，腳踏風火輪，駕吉祥彩雲，作金雞獨立式。王靈官是道教的護法神，據說是宋徽宗（西元1100～1125年在位）時的人，本名王善，是擅長「五雷法」的神霄派道士；另一種說法，則說他原是淮陰北方奉祀的小神，後來被神霄五雷法大師薩守堅燒了廟宇，收為部將；說他昇天後被玉皇大帝封為「先天主將」，主司天上人間糾察之職。明宣宗朱瞻基封他為「隆恩真君」，後來又加封為「玉樞火府天將」，為眾天將之首。明代以來道教宮觀通常都以王靈官鎮守山門，與佛教寺廟中的韋陀神地位相似。靈官殿內兩側，是青龍、白虎、朱雀、玄武四神將，都拿著兵器，儀態威嚴。

出靈官殿過前院，就是西元1983年重建的「藏經樓」。拾階而上，穿過樓下過道，就升上中院。中院南面就是藏經樓上層，中間現在用作省、市、山三級道教協會的辦公室，以西邊的「坎離宮」作為出入的通道；東邊是專供香客燒香焚表用的「寶藏庫」。坎離宮門外左右兩側磚壁上，各鑲嵌石碑一塊，東為清道光二十八年（西元1848年）修復頂宮靈官殿與龍王殿香火爐捐助銀兩者功德碑；西為詩碑，上刻明末清

初陳鳳梧遊茅山三峰所作詩三首。其中《遊大茅山》一首為：

丹崖翠壁紫雲巓

恍惚玄文頌五千

白晝風雷生殿外

中宵星斗落峰前

試看喜客泉頭月

別是華陽洞裡天

習靜工夫如有得

何須物外覓神仙

　　這位詩人的神仙觀念屬於在當時比較新潮的一類，他不再對傳統的神仙方術感興趣，而代之以「習靜」的精神修養。

　　院北十四級臺階之上，就是「太元寶殿」。殿前東側是一座兩層建築，叫做「迎旭道院」，上層是道舍，下層設有茶室；其北開有向東通一長廊的小門，門額磚刻「白雲道院」四字，門左側牆壁嵌有清光緒十六年（西元1890年）所立石碑一塊，題為《重修太元寶殿碑記》。過小門步入長廊，曲折通向東面階下的一塊水泥平臺，平臺東面深崖邊上，凌空建有仿古三層樓閣一棟，名叫「養真仙館」，可供數十位賓客下榻。太元寶殿前西側，與東面的迎旭道院相對應的，是「儀鵠道院」；儀鵠道院北面建有宮內道士的竈房、齋堂及道舍。

　　太元寶殿面闊三大間，進深四楹有餘，面積約200平方米，

是九霄宮的主體建築。正中神臺上供奉著三茅真君的貼金塑像，神態慈祥莊嚴。有趣的是，居中的一位應是長兄茅盈，頷下沒有鬍鬚，而兩旁的弟弟們卻已是美髯飄逸，大概是因為茅盈年輕時就已經修煉成仙，青春永遠留駐，而兩個弟弟中年以後才開始修煉，就最多只能永葆壯歲了。三茅祖師前面的東西兩側，分列年、月、日、時「四值功曹」，據說可以隨時為祖師呈送表章，上達天庭。殿內兩側，則是馬、趙、溫、岳四大元帥以及土地、主簿、差役、財神侍者等的塑像，隨時準備聽候差遣。

「馬」就是民間所謂「馬王爺三隻眼」的馬王爺，據說姓馬名靈耀，被玉皇大帝派為真武大帝的部將，護法天界，民間稱為「華光天王」，當作火神來崇拜，明代小說《南遊記》說他是如來佛法堂前的燈火投胎成人。「趙」就是趙公明，據說他是在秦朝避亂修道的，修成以後被玉皇大帝封為「神霄副帥」，曾奉旨降臨龍虎山為張道陵守護丹爐，獲得「正一玄壇元帥」的稱號。「溫」就是溫瓊元帥，據說是溫州人，火精投胎，後來被東嶽大帝召為部下，列為東嶽十太保之一。「岳」就是南宋名將岳飛，死後被民間奉為神靈。四大元帥是道觀裡常塑的護法四神，更加常見的是馬、趙、溫、關（關羽）的組合方式；但是江南文化對岳飛比對關羽更有感情，茅山道團歷史上就同情岳飛而反對秦檜，所以這裡採取了比較少見一些的馬、趙、溫、岳的組合方式。另外，茅山道眾口耳相傳，都把馬、溫二位元帥的名字叫做「馬善、溫良」，而不

是一般道書所載的馬靈耀和溫瓊；這也是一種獨特的現象，到底有什麼典故，就難以考定了。

　　據說茅山土地神名叫劉甫，比三茅君還早一步到茅山，但是三茅君先選定了大茅山頂，劉甫只好在大茅山的西腰修煉，後來他成為茅山土地神，他的修煉處就成為土地廟，上大茅山燒香的人，都要路過那裡，第一爐香火就獻給這位土地了。這座土地廟已毀，重建的九霄宮太元寶殿便將殿內後壁左側的一個位置給了劉甫的塑像。趙公明塑像已經出現在太元寶殿的護法組合中，但是殿內後壁右側神臺正中還供著一個作為「財神」的趙公明，因為明代小說《封神演義》說他戰死後被姜子牙按元始天尊旨意封為「金龍如意正一龍虎玄壇真君」，手下有「招寶」、「納珍」、「招財」、「利市」四神，民間便把他當作財神廣泛崇拜。

　　殿內兩側牆壁上，鑲嵌著與茅山有關的各方神靈與歷代得道仙真的牌位45塊。三茅祖師像的背面塑有一個神界群像圖案，通稱「海島」，這在佛寺很普遍，道觀裡比較少見。九霄宮太元寶殿的「海島」上有三清、玉皇、慈航、三官、龍王、太乙、雷祖、八仙、土地、城隍等，底層是水晶宮，還有若干蝦兵、蟹將。按道教宮觀的通例，三清應該高坐主位，但是這裡的主位讓給了三茅真君，三清就只好屈居海島了，這也可以算一點茅山派特色吧。

　　我們看見太元殿內臨門靠牆設有籤筒，放在桌上，任遊客抽籤，桌後座位上是專為抽籤者解釋籤義的人，場面頗為

熱鬧。牆上貼有政府部門的告示，大意是說：經過研究，批准放籤，以供信仰及娛樂需要云云。

太元殿後是後院，院裡有一個用青石條砌成的石臺，約兩米高，九米見方，臺上四周圍繞著白石欄，欄板外壁雕刻八仙及太極八卦圖。臺上有一座高約六米、寬約四米、雄渾古樸的石坊，坊額刻「三天門」三字，坊柱上刻有黎遇航手書楹聯，上聯是：「修真句曲三峰頂」，下聯是：「得道華陽八洞天」，坊前有仿古鐵鑄香爐一尊，這就是有名的「飛昇臺」，坐落在大茅山的頂點。

古人總是給名山的山頂賦予特別的宗教象徵意義。據《真誥‧稽神樞》所記，晉代人們把這裡叫做「天市壇」：

> 茅山天市壇，四面皆有寶金白玉各八、九千斤，去壇左右二丈許，入地九尺耳。昔東海青童君曾乘獨飆飛輪之車，通按行有洞天之山，曾來於此山上矣。其山左右有泉水，皆金玉之津氣，可索其有小安處，為靜舍乃佳。若飲此水甚，便益人精，可合丹。天市之壇石，正當洞天之中央玄窗之上也。此石是安息國天市山石也，所以名之為天市磐石也。玄帝時，召四海神，使運此磐石於洞天之上耳，非但句曲而已。邑人呼天市磐石為仙人市壇，是其欲少有彷彿而不了了也。

　　那位「玄帝」爺為什麼要下令堵住洞天的天窗，是不是怕凡人會不小心從天窗掉進洞天去？為什麼非要從遙遠的安息國搬石頭，是不是因為安息寶石享有盛名？我們無從知道。喜歡較真的陶弘景曾經按照上述說法去做實地考察，試圖找到那塊天市壇石及其周圍埋藏的寶金白玉，不免失望；他對作為洞天中央窗口蓋子的天市壇該不該在大茅山頂，也有點懷疑，因為《真誥》明明說過大茅山下就是華陽洞天的南門。他在對這段文字作的注中說：

> 天市壇石，未知的何所在。以論跡而言，隱量正應
> 大茅左右，而踐行不見其異處。或恐為土木蕪沒，
> 所不論耳。……又疑洞天之中央玄窗之上，不應乃
> 近南門，復恐在中茅間。邑人耆老，亦不復知仙人
> 市壇處。

　　時移事易，神話也有變遷。後來茅山宗道士似乎不再宣傳這個「天市磐石」的神話，而只說大茅君就是在這裡昇天的，把這裡叫做飛昇臺；這裡又用作拜符上表的地方，所以又叫昇表臺。

　　南宋嘉熙元年（西元1237年），理宗趙昀為了求子，順便也求太平，命元符宮舉行金籙大醮，並舉行投送金龍玉簡的儀式。「投龍簡」是道教為求通神而舉行的一種法術儀式，配合金籙醮、玉籙醮或黃籙醮舉行，就是以特製的金龍和符簡投於山、土或水中；封於高山絕岩謂之「山簡」，埋於壇場地

下謂之「土簡」，投入江河湖泊謂之「水簡」；唐宋時期特別流行。《茅山志・誥副墨》篇載有〈理宗金籙投龍玉簡詞〉全文。西元1985年秋，茅山道院重新刻造頂宮三天門飛昇臺，石工在清挖臺底基石時，在臺座下5尺深處挖到一塊雕花四方青石板，揭開石板，就發現下面放的玉簡一枚，從而為今人研究「投龍簡」儀式提供了珍貴的實物資料。

後院北面是「二聖殿」，正中供奉三茅君的父親茅祚與母親許氏，所謂「二聖」就是指他們二位。雕花貼金的神龕上刻有一副對聯：「一方共沐平安福，四序均沾雨露恩」。二聖神位的東側是「送子娘娘」，西側是「眼光娘娘」。

二聖殿東西兩側各有一座兩層的鋼筋水泥仿古樓閣。東面的一座，下層用作道舍，上層取名「白鶴廳」，是一座觀景茶樓，廳中陳列著一對銅仙鶴，高1.6米，每只重320斤。西面的一座叫做「怡雲樓」，設有茅山道教文物博物館，西元1996年正式對外開放。二聖殿與東西兩樓的北、東、西三面連築迴廊，外側護欄，欄外凌空。憑欄遠眺，視野異常開闊，天地風光、山川形勢，盡收眼底。

陳列在茅山道教文物博物館的文物中，有在飛昇臺出土的「理宗金籙投龍玉簡」，還有茅山傳統的「鎮山四寶」。

第一件寶是玉印，長6.8釐米，寬6.4釐米，厚2釐米，再加瑞獸鈕3.8釐米；印面刻有六個篆體陽文字：「九老仙都君印」。民間對它有「夜食三兩朱砂，日蓋千張黃表」的說法。從前到茅山進香的人，都喜歡請道士用它在自己的香袋、腰

帶上蓋一方印，以求消災延壽，遇難呈祥。第二件寶是玉圭，長7.1釐米，寬3.4釐米，厚0.7釐米，上端尖形，下端方形，這個玉圭的顏色能隨季節而變化。第三件寶是玉符，長9.6釐米，寬7.1釐米，厚0.6釐米，刻有六個篆體陰文字：「合明天地日敕」。茅山通稱「鎮心符」。第四件寶是玉硯，通稱「哈硯」或「呵硯」，長方形，長9釐米，寬4.4釐米，厚1釐米，面上有墨堂，長6.4釐米，寬3.2釐米，沒有墨池。向硯面哈氣，就會形成水珠，可以蘸筆寫字。據說硯左上角刻的兩條小魚，每到子午之時就會合於中間池內，稱為「子午歸槽」，後來因為曾紀澤（曾國藩的兒子）來參觀時，失手把它摔破了一點，它就再也沒有這項靈性了。據說當年宋徽宗送給茅山八件禮品，這四件寶就是其中的一部分，其他四件，即《遼王詩簡》一卷、《上清大洞祕錄》十二軸、《上清大洞券簡詞》十二卷軸，以及與玉印一起作為傳法信物的玉劍，都已經在歷代戰亂中丟失了。宋徽宗「加號元符萬寧宮，賜九老仙都君玉印、景震玉櫃具劍、御制詩頌書畫，賜予不能悉記」，這是見於元朝《茅山志》記載的，但是與「八件禮品」的說法不盡一致，因此茅山現存的鎮山四寶究竟是何來源，還可以再考。不過無論如何，它們確實是茅山值得驕傲的寶貝。

　　遍遊九霄宮以後，站在怡雲樓西面廊邊，放眼山腳下，欣賞上山之時曾經過的、過一會下山還要經過的茅山鎮，但見道路樓宇，歷歷如畫，彷彿自己正在從仙宮俯瞰人間，一時心淨如水，一切俗世煩惱，通通失去分量。

附　錄　茅山上清宗傳承表

表一：上清派神話傳說中的「上天七傳」

1. 元始虛皇天尊　　號稱「包羅三清，道之祖也」。
2. 太上玉晨大道君　號稱「老君之師，萬道之主」。
3. 太微天帝大道君　號稱「三十六天帝之主」。
4. 後聖玄元上道君　號稱負責「校試眾仙，隨才授職」。
5. 上相青童道君　　傳說「治東海大方諸宮東華山」。
6. 上宰總真道君　　傳說姓王名遠字方平，治西城山。
7. 小有清虛道君　　傳說姓王名褒字子登（西元前36～? 年在世），治王屋山。

表二：本派自行認定或追認的前期宗師

第一代　魏華存　西元252～334年在世　魏晉任城（郡治今山東濟寧）人，久居修武；傳出《黃庭經》

第二代　楊羲　西元330～386年在世　似是吳（郡治今江蘇蘇州）人，寓居句容；傳出《上清經》

第三代　許謐　西元305～376年在世　晉代丹陽郡句容（今江蘇句容）人；從楊羲受《上清經》

第四代　許翽　西元341～370年在世　許謐第三子；從楊羲
　　　　　受《上清經》

第五代　馬朗　年代不詳　剡縣（今浙江嵊州）人；代許家
　　　　　保存《上清經》

第六代　馬罕　年代不詳　馬朗堂弟，繼續保存《上清經》

第七代　陸修靜　西元406～477年在世　東晉南朝吳興郡
　　　　　東遷（縣治今浙江湖州東遷鎮）人；締造新道教，
　　　　　劉宋京師崇虛觀主

第八代　孫遊岳　西元399～489年在世　東晉南朝東陽（郡
　　　　　治今浙江金華）人；蕭齊京師興世館主

第九代　陶弘景　西元456～536年在世　南朝丹陽郡秣陵
　　　　　（縣治今江蘇南京）人；在茅山開創上清經法基地

第十代　王遠知　西元約528～635年在世　南朝琅琊郡臨
　　　　　沂（今山東臨沂）人，世居江南；唐初修葺茅山道
　　　　　觀

十一代　潘師正　西元586～684年在世　隋唐贊皇（今河北
　　　　　贊皇）人；王遠知高徒，隱居嵩山

十二代　司馬承禎　西元647～735年在世　唐代河內郡溫
　　　　　（今河南溫縣）人；潘師正高徒，王屋山陽臺觀主

十三代　李含光　西元682～769年在世　唐代江都（今江蘇
　　　　　揚州）人；繼任陽臺觀主，後回茅山修葺道觀

十四代　韋景昭　西元694～785年在世　唐代丹陽郡延陵
　　　　　（縣治今江蘇丹陽延陵鎮）人；繼李含光任茅山紫

陽觀主

十五代　黃洞元　西元698～792年在世　唐代南嶽（當即今
湖南衡山）人；李含光門徒

十六代　孫智清　年代不詳　不知何處人；黃洞元門徒，在
茅山任山門威儀

十七代　吳法通　西元825～？年在世　唐代潤州丹陽（今
江蘇丹陽）人；孫智清門徒

十八代　劉得常　年代不詳　唐末五代金陵（府治今江蘇南
京）人；吳法通門徒

十九代　王棲霞　西元892～953年在世　齊、魯一帶人

二十代　成延昭　西元912～990年在世　五代北宋潤州金
壇（今江蘇金壇）人；王棲霞門徒，宋初任茅山威
儀

二十一代　蔣元吉　西元？～998年在世　五代北宋常州義
興（今江蘇宜興）人；成延昭門徒

二十二代　萬保沖　年代不詳　北宋常州武進（縣治今江蘇
常州）人；蔣元吉門徒

二十三代　朱自英　西元976～1029年在世　北宋句曲（當
即今茅山一帶）人；開創宗派體制

二十四代　毛奉柔　年代不詳　北宋建康軍句容（今江蘇句
容）人；朱自英門徒

表三：由朝廷控制認定的宗師

二十五代　劉混康　西元1036～1108年在世　北宋晉陵（縣
　　　　　治今江蘇常州）人；開始以御賜印劍為傳法信物

二十六代　笪淨之　西元1068～1113年在世　《茅山志》說
　　　　　是清遠金陵人（今地無可考，疑《茅山志》誤刊）；
　　　　　劉混康門徒

二十七代　徐希和　西元？～1127年在世　宋代溧水（今江
　　　　　蘇溧水）人；笪淨之門徒

二十八代　蔣景徹　西元？～1146年在世　宋代句容（今江
　　　　　蘇句容）人；戰亂後修復宮觀

二十九代　李景合　西元？～1150年在世　宋代句容人；蔣
　　　　　景徹門徒

三十代　　李景暎　西元？～1164年在世　李景合的弟弟

三十一代　徐守經　西元？～1195年在世　宋代溧水人；李
　　　　　景暎門徒，末年退位隱居

三十二代　秦汝達　西元？～1195年在世　宋代江陰（今江
　　　　　蘇江陰）人

三十三代　邢汝嘉　西元？～1209年在世　南宋建康府溧水
　　　　　（今江蘇溧水）人；秦汝達門徒

三十四代　薛汝積　西元？～1214年在世　南宋常州晉陵
　　　　　（縣治今江蘇常州）人；邢汝嘉門徒

三十五代　任元阜　西元1176～1239年在世　南宋溧水人；

薛汝積門徒

三十六代　鮑志真　西元？～1251年在世　南宋溧水人；西元1243年辭位

三十七代　湯志道　西元？～1258年在世　南宋鎮江府丹陽（今江蘇丹陽）人；鮑志真門徒，西元1251年辭位

三十八代　蔣宗瑛　西元？～1281年在世　南宋毗陵郡（常州別稱）人；湯志道門徒，西元1259年辭位出走

三十九代　景元範　西元？～1262年在世　南宋句曲（當即茅山一帶）人；任元皐侍者

四十代　　劉宗昶　年代不詳　溧水人；蔣宗瑛門徒

四十一代　王志心　西元？～1273年在世　南宋金壇人；保印劍有功，眾迫禮為宗師

四十二代　翟志穎　西元？～1276年在世　南宋丹陽人

四十三代　許道杞　西元1236～1291年在世　宋元句容人，蔣宗瑛門徒

四十四代　王道孟　西元1242～1314年在世　宋元句容人；西元1311年辭職

四十五代　劉大彬　年代不詳　元代錢塘（縣治今浙江杭州）人；王道孟門徒，西元1333年仍在位

四十六代　王天符　年代不詳　情況不詳；西元1353年仍在位

四十七代　不詳

......

?代　秦真隱　年代不詳　西元1379年仍在位

表四：本派自行認定的後期宗師

五十代　　鄧自名　元明金壇（今江蘇金壇）人　明朝首任
　　　　　　三茅山正靈官，西元1383年就任

五十一代　薛明道　元明武進（治今江蘇常州）人　後轉南
　　　　　　京道錄司右正

五十二代　陳德星　明代句容（今江蘇句容）人

五十三代　任自垣　明代鎮江（今江蘇鎮江）人　永樂九年
　　　　　　（西元1411年）後轉任道錄司玄儀

五十四代　王克玄　明代金壇（今江蘇金壇）人

五十五代　呂景暘　明代溧陽（今江蘇溧陽）人

五十六代　楊震清　明代金壇人

五十七代　支克常　明代吳縣（治今江蘇蘇州）人

五十八代　朱崇潤　明代丹陽（今江蘇丹陽）人　西元1470
　　　　　　年仍在任

五十九代　沈祖約　明代武進人

六十代　　蔣德瑄　明代蘇州（治今江蘇蘇州）人　正德年
　　　　　　間在任

六十一代　徐祖諫　明代蘇州人　嘉靖年間在任

六十二代　戴紹資　明代毗陵（即今江蘇常州）人　西元
　　　　　　1549年仍在任

六十三代　任紹續　明代溧陽人

六十四代　史懷仙　明代溧陽人

六十五代　張小峰　明代武進（治今江蘇常州）人

六十六代　楊勻泉　明代武進人

六十七代　王益泉　明代句容人

六十八代　錢養悟　明代金壇人

六十九代　周繼華　明代宜興（今江蘇宜興）人

七十代　　朱振陽　明代武進人

七十一代　許抱真　明代武進人

七十二代　錢觀如　明代溧陽人

七十三代　文棲雲　明代句容人

七十四代　許華岑　明代武進人

七十五代　陳及岩　明代毗陵人

七十六代　欒奉齋　明代句容人

七十七代　張玉壺　明代金壇人

七十八代　龔企岩　明代武進人

七十九代　唐葵陽　明清武進人　　清朝首任三茅山正靈官

八十代　　張承鍾　不詳

八十一代　楊昌靖　明清溧陽人

八十二代　張允中　明清蘇州人

八十三代　丁昌胤　明清宜興人　　西元1671年尚在任

八十四代　不詳

……

　？代　睢菊人　不詳　西元1864年尚在任
　？代　睢定生　不詳　西元1878年尚在任

宗教文庫

多元的宗教是人類精神信仰的豐富展現

從印度佛教到泰國佛教　宋立道/著

　　南傳佛教歷經兩千餘年的發展，堅定地在東南亞大陸站穩腳跟，成為當地傳統文化的主流，不僅支配人們的道德觀念、影響人們的生活情趣，更成為泰國政治意識型態的一部分。藉由玉佛的故事，且看一代聖教如何滲透到東南亞社會的政治、歷史與文化各方面，以及宗教在人類創造活動中的偉大作用。

印度教導論　摩訶提瓦/著　林煌洲/譯

　　由正當的語言、思想及行為著手，積極地提升自己的內在精神，寬容並尊重各種多元的思想，進而使智慧開顯豁達，體悟真理的奧祕，這就是印度教。印度教強調以各種方法去經驗實在及實踐愛，而這正是本書力求把印度教介紹給世人的寫作動力。藉由詳盡的闡釋，本書已提供了一條通往永恆及良善生活方式的線索。

華嚴宗入門　劉貴傑/著

　　傳說印度龍樹菩薩承大乘行願，發心潛入龍宮的藏經閣讀經，後從龍宮攜出《華嚴經》下本，才得流傳世間。華嚴宗依《華嚴經》而立，以法界圓融無礙為宗旨，宣揚一心合攝無量，並直指唯有修心才能成佛。本書提挈華嚴宗的基本概念及主要義理，讓你步入華麗莊嚴的佛法殿堂。

多難之路——猶太教　黃陵渝/著

　　猶太教的核心是相信宇宙有而且只有一位上帝存在，其教義強調猶太人是上帝從萬民中揀選出來的一個特別民族，其將受到上帝的眷顧，並肩負上帝委託的特殊使命。然而，這個民族卻經歷了滅國、流亡及種族屠殺等乖舛多難的命運。在背負過去的傷痛及靜待救贖的日子裡，且讓我們共體猶太信仰在人類史上的堅貞與多難。

宗教文庫

認識多元的宗教知識，培養理性的態度及正確信仰

圓通證道——印光的淨土啟化　陳劍鍠／著

佛教自清朝雍正皇帝以降，因未能防止無賴之徒剃度為僧，故僧流猥雜，使得佛法面臨滅法的劫難。在這種逆流的環境下，印光大師續佛慧命，啟化佛教信徒要能慎思明辨、確立正信；他並提倡他力往生的淨土思想，建立求生西方極樂的堅定信念，為人世間開闢了一片希望的淨土。

伊斯蘭教與中國社會　葛　壯／著

曾經有一個虔誠的穆斯林說：「如果我信仰真主，當然是我優越，如果我不信仰真主，這條狗就比我優越。」就因為穆斯林們的堅定信仰，使得阿拉伯的伊斯蘭文化不斷地在中國各地傳播，並與中國各朝代的商業、政治、文化及社會產生了密切的互動。且讓我們走進歷史的事跡裡，一探穆斯林在中國社會中的信仰點滴。

滿族薩滿教　王宏剛／著

「薩滿」為通古斯語，意為「知曉神意的人」。薩滿教是北方先民用集體的力量擺脫蒙昧的一種文化形態，它記錄了人類童年時代的某些精神景觀與心靈發展的歷史軌跡。本書深入「白山黑水」的東北滿蒙地區，為你揭開一幕幕美麗的原始神話，讓你飛翔在薩滿的萬物神靈裡。

佛法與醫學　川田洋一／著　許洋主／譯

醫生通常可以告訴您生了什麼病，卻無法確切地告訴您為什麼會生病；「人為什麼會生病」這個問題，似乎牽涉到生命意識的深層結構。本書由世尊的覺悟內容做為起點，有系統地論述身體與宇宙韻律的關係，並詳細介紹佛門的醫療方法，為您提供一條健康喜悅的生命之道。

宗教文庫

堅定的信仰，高尚的道德品格

大乘佛教思想　上田義文／著　陳一標／譯

　　大乘佛法的義理精闢艱深，諸如「色即是空」及「生死即涅槃」等看似矛盾的命題，更為一般人所無法清楚地理解；而如果我們不先將這些基本概念釐清，則勢必求法無門。本書以清晰的思路帶領大眾思考大乘佛教的基本概念，並對佛學研究方法提出指引，使佛法初學者與研究者皆能從中獲取助益。

佛教經典常談　渡辺照宏／著　鐘文秀、釋慈一／譯
　　　　　　　陳一標／校訂

　　作為宗教文學或哲學著作，佛教聖典當然具備豐富多樣的內容，縱使在教戒、傳說、寓言、笑話、小說、戲曲、歷史、地理、民俗、習慣等人類所有的生活面，像佛教聖典這樣廣涉多方且富於變化者，確為世界文獻所僅見。本書以淺易明白的方式來介紹佛經的成立及現存的主要經典，輕啟您對佛門經典的常識。

經典禪語　吳言生／著

　　禪宗在表現生命體驗、禪悟境界時，於「禪不可說」中建立起一個嚴謹而閎大的思想體系，而本書正是通向禪悟思想之境的一座橋樑。藉由禪師們的機鋒往返，剝落層層的偏執，使你寸絲不掛，讓你在耳際招架不住的困思之中，體證修行與生活一體化的澄明之境，並嗅聞出禪門妙語的真實本性。

經典禪詩　吳言生／著

　　禪宗詩歌是一筆豐厚的文化遺產，從創作主體上來看，包括歷來禪僧創作的悟禪之詩，和文人創作、帶有禪味的詩歌兩大類，而本書所探討的經典禪詩是指前一類。禪宗詩歌與純文學性的詩歌不同，它的著眼點不在於文字的華美、技巧的嫻熟，而在其禪悟內蘊的深邃、豐富；因此，藉由禪詩的吟詠，深足以豐饒身心、澄明生命。

宗教文庫

學習開放傾聽，洗滌心靈，友善分享

經典頌古　吳言生／著

禪宗運用了電光石火的公案，以及吟詠公案的頌古來表現其思想體系。頌古的本意，在於使讀者從諷詠吟頌之間體會古則的旨意，是禪文學的一種形式。本書在總體把握禪宗思想的基礎上，立足於禪本義的立場，對吟詠百則公案的頌古進行分析、欣賞，讓自古以來即喧囂禪林的經典頌古廓然朗現。

佛言佛語──佛教經典概述　業露華／著

佛教經典浩如煙海，除一些佛門高僧外，一般人很少能遍閱藏經。為此，本書主要對佛教經典，特別是對中國佛教的經典作一些歷史性及概要性的介紹，使讀者閱讀本書後，能對佛教經典的產生、內容及在中國社會的流傳情況有更深的了解。

佛教入門　三枝充惪／著　黃玉燕／譯

佛教一直以宗教的立場來開導大眾，使人得到精神安慰。再加上佛教能建立思想，使其成為人們實踐的支柱，這更對各種優異文化的形成、深化、發展等，有很大的貢獻。本書全部圍繞在「何謂佛教」這個主題上，對於佛教入門所必須述及的各種問題，以平實的文字做忠實的敘述，使佛教的整體面貌得以開顯。

宗教學入門　瓦鄧布葛／著　根瑟‧馬庫斯／譯

人類的宗教呈現分殊多樣的面貌，這是人類精神所展現的多元現象，也是人類文化的豐富遺產。人類總在理性的盡頭走上信仰，然而，站在人文精神與知識的立場，我們應如何去思索宗教現象，以及探尋關於宗教的可靠知識呢？本書主張把宗教現象視作人類現象來研究，分別從歷史、比較、情境以及詮釋學來充實其內涵，系統性地從幾種不同的學科與途徑來介紹當前的宗教研究，企使宗教建立一門知識性的學科。

國家圖書館出版品預行編目資料

茅山道教上清宗 / 鍾國發著. －－初版一刷. －－臺
北市；東大，2003
　　面；　　公分－－(宗教文庫)

　　ISBN 957-19-2731-7　(平裝)

　　1. 正乙教

236.1　　　　　　　　　　　　　　　92004120

網路書店位址　http://www.sanmin.com.tw

© 　茅山道教上清宗

著作人　鍾國發
發行人　劉仲文
著作財
產權人　東大圖書股份有限公司
　　　　臺北市復興北路386號
發行所　東大圖書股份有限公司
　　　　地址／臺北市復興北路386號
　　　　電話／(02)25006600
　　　　郵撥／0107175-0
印刷所　東大圖書股份有限公司
門市部　復北店／臺北市復興北路386號
　　　　重南店／臺北市重慶南路一段61號
初版一刷　2003年5月
編　　號　E 23003-0
基本定價　參元陸角
行政院新聞局登記證局版臺業字第○一九七號

ISBN　957-19-2731-7　(平裝)